_____님

양원호·이성호

**한 권으로 끝내는 국회의원 선거**
# 완벽한 당선사례

## 완벽한 **당선사례**

ⓒ 양원호·이성호, 2023

**초판 1쇄 인쇄**  2023년 8월 11일
**초판 1쇄 발행**  2023년 8월 25일

지은이   양원호·이성호
펴낸이   원용수
펴낸곳   피엠미디어

디자인   여울
일러스트  신하늬

출판신고  제2020-000135호(2020년 12월 11일)
주소     서울특별시 성동구 성수이로 147 아이에스비즈타워 604호(성수동2가)
대표전화  02-557-1752
이메일   pmmedia@prometheusmedia.net

ISBN    979-11-973306-4-3 (93340)

- 책값은 뒤표지에 있습니다.
- 이 책의 저작권은 지은이와 피엠미디어에 있습니다.
- 이 책의 내용 전부 또는 일부를 재사용하려면 반드시 양측의 서면 동의를 사전에 받아야 합니다.

한 권으로 끝내는 국회의원 선거

# 완벽한 당선 사례

양원호·이성호

피엠미디어

## 일러두기

『완벽한 당선사례_한 권으로 끝내는 국회의원 선거』의 에피소드는 2002년 8월 8일 치러진 국회의원 재보궐선거부터 2022년 6월 1일 치러진 제8회 전국동시지방선거까지 20여 년간 저자들이 경험한 선거 현장을 바탕으로 재구성한 이야기입니다. 실제 상황에 기초했으나 일부 설정 등은 소설적 상상력을 가미한 픽션임을 밝힙니다. 마찬가지로 이 책에 나오는 지명과 인명 등은 모두 창작된 것입니다.

『완벽한 당선사례_한 권으로 끝내는 국회의원 선거』는 원고가 탈고될 시기의 공직선거법, 정당법, 정치자금법과 각 정당의 강령, 당헌, 당규 등을 참고했기 때문에 이 책이 출간되거나 독자의 손에서 펼쳐졌을 때의 각 법규, 규정 등과는 다를 수 있습니다.

이 책에 나오는 명칭의 띄어쓰기는 대한민국 국립국어원이 추진하는 개방형 한국어 사전인 우리말샘을 참고했습니다. 선거와 관련된 법규와 규정의 띄어쓰기와 다를 수 있습니다.

공직 선거와 직접적인 관련이 있는 법률은 크게 공직선거법, 정치자금법, 정당법으로 구분됩니다. 이 책에서는 선거법으로 통칭하여 사용한 경우가 있습니다.

『완벽한 당선사례』는 선거에서 당선된 것에 대해 고마움을 나타내는 사례謝禮라는 단어와 당선이 되기까지 실제로 일어난 본보기라는 사례事例를 중의적으로 표현하였습니다.

## 머리글

  2024년 4월 10일, 22대 국회의원 선거일이다. 4월 10일이 지나면 한 명의 당선자와 나머지 낙선자로 나뉠 것이다. 선거에서 유권자와 후보의 가장 큰 인식 차이는 '당선 가능성'에 있다. 유권자에게 분명한 1위와 2위 판세를 놀랍게도 후보는 보지 못한다. 이유는 간단하다. 자기를 중심으로 보기 때문이다. 객관적 상황을 보지 못하고 경쟁 후보에 비해 이렇게 저렇게 잘 났다고 주장한다. 이렇게 출발하는 선거 캠페인은 결국 실패로 귀결된다.

우리는 지난 2008년에 출간한 『선거, 그 오해와 진실』에서 선거의 본질적인 특성을 이야기하고 후보가 해야 하는 선거 캠페인 방법을 제시한 바 있다. 많은 후보와 선거 캠프에서 좋은 반응을 얻었지만, 한편에서는 구체적이고 상세한 설명이 필요하다는 의견도 있었다. 솔직히 『선거, 그 오해와 진실』에서 말하는 선거의 기본적인 원칙을 이해한다면 거기에 각 선거 캠프의 상황을 대입하면 된다고 생각했다. 하지만 선거를 목전에 둔 후보와 선거 캠프에서 책 한 권 읽을 여유가 없음도 사실이다. 우리는 이 책 출간 이후 지방선거, 대선, 총선 현장에서 우리의 주장이 틀리지 않았음을 확인했다. 결국, 선거의 본질은 어떤 선거든 동일하다. 하지만 친절함을 요구하는 현장의 목소리와 그간의 변화를 반영한 새로운 책이 필요하다는 데 인식을 같이하고 이번 책의 출간을 기획했다.

그렇다고 여타 선거 기획사 등에서 내놓는 선관위의 「선거사무안내」 책자 해설서나 선거 일정표와 같은 수준의 책을 목표로 하지는 않는다. 그런 책들은 시중에 이미 많이 있다. 그런 책을 읽는 시간이면 선관위에서 제공하는 「선거사무안내」 책자 그리고 그와 관련된 공직선거법을 꼼꼼하게 읽는 게 낫다고 생각한다. 따라서 이전의 책을 출간하며 잡은 선거의 본질로부터 출발해야 한다는 원칙은 여전하다. 선거를 경험한 사람들은 매우 많지만 그리고 그들 대부분이 선거를 안다고 주장하지만 선거를 제대로 그리고 온전히 치른 사람은 많지 않다. 더욱이 선거의 시작부터 마지막까지 선거 기획과 선거 사무 그리고 선거 캠프 운영까지 총괄한 사람은 더더욱 많지 않다.

『완벽한 당선사례_한 권으로 끝내는 국회의원 선거』는 선거 현장에서 종종 경험하는 사건 사고들을 '이기승 후보'라는 가상 인물을 중심으로 에피소드 형식으로 구성했다. '제1부 출마할 결심'에서는 후보가 선거에 들어가기 전에 점검해야 할 내용을 정리했다. '제2부 후보의 자격'은 출마 결정 이후 경선을 통해 정당의 후보가 되는 과정을 다루고 있다. 마지막으로 '제3부 선거는 없다'는 14일의 선거 기간을 중심으로 한다. 에피소드 사이에는 선거에서 가져야 할 주요 사항을 뽑아서 정리했다. 이러한 구성이 이전의 책에 비해 이해하기 쉬울 것이다. 마치 한 권의 소설을 읽듯이 가볍게 읽어가기를 기대한다. 다만 언제나 그렇듯 선거의 규칙을 결정하는 국회 정개특위는 법정 기한을 지키지 못할 것이고, 정치의 상황은 언제 무슨 일이 일어나도 이상치 않을 만큼 역동적이다. 따라서 여기에 소개된 에피소드는 22대 총선의 현실을 모두 담을 수 없으며 이해를 돕는 설정 또는 판타지로 기능할 수밖에 없다는 점도 현실이다.

그동안 우리에게 일어난 변화 중 하나는 선거 운영과 선거 기획으로 진행해 온 선거 컨설팅이「선거전문가그룹 고우투원」으로 확장됐다는 것이다. 선거에 어김없이 등장하는 다양한 브로커와 선거 기획사 그리고 각종 인쇄, 유세차 업체로 인해 혼탁해지고 범법이 횡행하는 현실에서 자신의 전문 분야를 지켜온 전문가 그룹의 출현이 절실하다고 판단했기 때문이다. 이번 책을 출간하는 데도 선거 회계 전문가, 선거 법률 전문가, 선거 출판 전문가 등 각 영역의 소중한 지적과 도움이 결정적 역할을 했다. 앞으로도 「선거전문가그룹 고우투윈」은 웹 사이트를 통해 선거 현장의 고민을 상담하고 조언하는 역할을 하려고 한다. 또한 실시간으로 변화하는 상황에 대한 업데이트 작업도 이뤄질 것이다. 선거에 관심 있는 후보 또는 선거 캠프 관계자라면 www.gotowin.co.kr 웹 사이트를 구독할 것을 부탁드린다.

우리를 찾는 후보들은 종종 선거 결과 예측을 요구한다. 혹은 이기는 선거에 특별한 전략이 있다면 무엇인지 묻곤 한다. 우리는 후보들에게 매우 상식적으로 답한다. 첫 번째는 유력 정당의 후보가 되라는 것이다. 모든 후보가 선거 캠페인을 잘 해서 당선되는 것도 아니다. 기획된 선거를 하느냐, 그런 것은 아니다. 운이 좋아서 혹은 현역 프리미엄으로 후보가 되고 전체 여야의 경쟁 구도에서 자신의 노력과 상관없이 얼떨결에 당선되는 경우도 부지기수이다. 핵심은 '후보가 되는 것'이다. 링에 오르지 못하면 선거는 없다. 두 번째는 목표에 맞는 선거 행위를 하는 것이다. 왜 하는지 설명하지 못하고 남들이 그러니까 주변에서 해야 한다고 하니까 하는 선거 행위는 효과가 나올 수 없다. 특히나 여론조사, SNS는 그런 오류가 넘쳐나는 곳이다. 마지막으로 이 모든 조건의 전제가 후보의 각성에 있다고 우리는 생각한다. 가장 표준으로 삼을 프로세스는 정치에 대한 뚜렷한 철학을 가진 후보가 충분한 시간을 투자해 유력 정당의 후보가 되어 국회의원이 되는 것이다. 물론 현실에는 쉽게 찾아 볼 수 있는 일이 아니다. 하지만 이러한 과정에 대한 이해가 있어야 당선이 되고 나서도 불법, 위법 행위에 대한 협박에 시달리거나 준비 없는 정치로 시간을 보내는 사태를 막을 수 있는 유일한 길이라고 생각한다.

선거의 중심은 사람이다. 선거의 중심에는 후보, 가족,

지지자, 반대자, 무관심자, 경쟁 후보, 언론사 기자 등이 있다. 선거는 그 한 사람 한 사람의 영향과 연결고리로 인해 결과의 희비가 결정된다. 우리가 이 책에서 말하고 싶은 것은 선거를 대하는 후보의 태도와 선거의 중심에서 드러나는 사람에 대한 이야기이다.

이 책의 출간을 적극 제안하고 응원해 준 프로메테우스미디어 원용수 대표에게 감사를 전한다. 원 대표는 앞서 소개한 「선거전문가그룹 고우투원」 선거 출판 전문가이기도 하다. 그리고 원고 작성 중에 여러 조언과 의견을 제공한 많은 분에게 감사를 전한다. 무엇보다 선거는 한 개인의 이벤트가 아니며 가족, 지지자 모두가 감내하는 어려운 과정이다. 따라서 이 책이 선거에 관여하는 많은 이들에게 도움이 되고 당선의 기쁨으로 돌아오기를 진심으로 기원한다.

# 차례

| | |
|---|---|
| 머리글 | 005 |
| 프롤로그 | 014 |
| 인물 소개 | 017 |

## PART 1 출마할 결심

| | |
|---|---|
| 출마는 우연한 시작이다 | 020 |
| 당신 미쳤어? | 030 |
| 여론조사 적합도 2% | 037 |
| 후보님, 선거는 처음이죠? | 045 |
| 사라진 초심 | 054 |
| 도사님과 자기소개서 | 062 |
| 선거의 시작과 끝 | 071 |

## PART 2 후보의 자격

| | |
|---|---|
| 사람을 낚는 어부 | 080 |
| 4명의 후보가 있다 | 087 |
| 게임의 규칙 | 096 |
| 이유 있는 선택 | 104 |
| 읽으면 힘이 되는 「선거사무안내」 책자 | 111 |
| 준비된 선거 | 118 |

| | |
|---|---|
| 여전히 부족하다 | 126 |
| 지쳐버린 예비 후보 | 132 |
| 욕망의 지역 정치 | 139 |
| 경선과 커밍아웃 | 146 |
| 천하당 후보 이기승입니다 | 155 |

## PART 3 선거는 없다

| | |
|---|---|
| 100명이 사는 마을 | 164 |
| 전투의 시간 | 171 |
| 화학적 결합은 없다 | 182 |
| 군자금은 힘이 된다 | 188 |
| 워룸 War Room | 196 |
| 샅바 싸움 | 204 |
| 누구의 선거인가? | 212 |
| 사전 투표라는 선물 | 219 |
| 박빙이라는 뉴스 | 224 |
| 마지막 전투 | 230 |
| | |
| 에필로그 | 237 |

## 프롤로그

 시계가 자정을 가리키고 있다. 방송 3사 출구조사 결과는 박빙이었다. 자정이 다 된 시간까지 불과 50표도 안 되는 격차에 희비가 엇갈렸다. 선거 사무소에 설치된 대형 TV를 보는 사람들은 저마다 상황을 예측하고 분석한다. 이미 많은 선거구의 개표 결과가 확정됐다. 사람들은 소감을 말하고 있는 당선된 후보 아래로 흐르는 실시간 개표 상황에 주목한다. 가끔 격전지 상황을 보여 주면 사람들은 아쉬운 탄식과 환호성으로 반응한다. 자정을 넘어서도 선거 사무소의 사람은 줄지 않고 오히려 늘어난다. 지금껏 선거 과정 동안 이만한 사람들이 몰려온 적이 있었나 싶을 정도다. 누군가가 큰 소리로 말했다.

"그런데 후보는 어디 있는 거야?"

이기승 후보는 집에서 아내와 개표 방송을 시청하고 있었다. 고3 수험생인 아들은 11시가 넘어서 무심하게 자기 방으로 들어갔다. 계속 전화와 문자메시지가 오지만 잠시 받지 않기로 한다. 다들 고생했다, 당선될 것 같다는 응원의 전화였다. 하지만 결과를 모르기는 서로 마찬가지다. 자정이 넘어서자 빨리 확정이 되기만을 바랐다. 개표 참관인들이 실시간으로 투표소별 개표 상황을 상황실장에게 알렸다. 그래도 결과가 나오기 전까지 초조했다. 새벽 1시가 넘어설 즈음 상황실장은 우리 예측대로 결과가 나올 것 같다고 보고했다. 우리가 이겼다고 했다. 우리가 반드시 이기는 투표소의 투표함이 마지막 개표함이라고 했다. 상황실장은 떨리는 목소리로 지역 선관위에 당선증을 받으러 갈 준비를 하라고 했다. 그리고 메신저로 당선 소감과 관련된 문서가 전송되어왔다. 아직도 방송에서는 당선 유력 상태였다. 그동안 고생한 아내의 손을 잡았다. 마침내 방송에도 '당선 확실'이 떴다. 방에 있던 아들이 뛰어나와 기뻐한다. 말은 안 했어도 아들도 걱정이 되었나 보다.

당선증을 받고 돌아온 선거 사무소 앞에는 많은 사람이 기다리고 있다. 차에서 내리자마자 '이기승' '이기승'을 외치는 소리가 가득했다. 준비된 당선 소감은 다 잊고 말았다. 두서없는 방송사 인터뷰가 끝나자 다시 박수가 쏟아졌다. 그동안 고생한 사람들 손을 잡고 인사를 했다. 어제의 악수와는 다른 뜨거움이 손에 가득하다. 지난 시간이 드라마처럼 지나간다. 처음 출마를 결심한 순간부터 오늘까지 1년여 시간이 한순간으로 느껴졌다.

# 인물 소개

## 이기승

『완벽한 당선사례』의 주인공. 직업은 변호사. 지지하는 대선 후보가 생기면서 정치 관심이 커졌다. 얼떨결에 국회의원 선거를 시작하자 생각지 못한 수많은 난관이 그를 기다리고 있는데…….

## 이 박사

선거판에서 일명 '선거도사'로 불리는 인물이다. 선거 승률 100%라는 소문이 있는데 수성시에서는 어떤 선거를 보여줄까?

## 최도일

이기승에게 출마를 권유한 3선 도의원이다. 오랜 정치 이력으로 지역 정가에서 영향력 있는 인물. 주요한 고비마다 결정적 반전의 계기를 만든다.

## 권아름

이기승의 아내로 수성시에서 약국을 운영하고 있다. 남편의 국회의원 출마를 못마땅해 하지만 그렇다고 포기하는 것도 참을 수 없는 아내이다.

## 그밖에

고등학교 동문 선배인 박광원 사무장, 처제인 권다운 회계 책임자, 대학과 로펌 동기인 최 변 그리고 이기승의 선거를 돕는 여러 사람이 등장한다.

완벽한 **당선사례**

# 출마할 결심

# 출마는 우연한 시작이다

"내가 정말 할 수 있을까?"

이기승 변호사는 밤새 고민했다. 지금까지 단 한 번도 생각해 보지 않은 일들이 갑자기 벌어졌다. 불과 몇 달 전 자신이 거주하는 지역구의 현역 국회의원이 성추문에 휘말렸다. 연일 계속되는 언론 보도를 견디지 못한 현역 의원은 당에 부담을 주지 않겠다며 탈당했다. 천하당 수성시 갑 지역 위원회[1]는 사고 지역 위원회로 지정됐다. 그리고 자천 타천으로 3선 도의원이 차기 지역 위원장으로 추천됐다. 하지만 중앙당은 다른 사람을 지역 위원장으로 임명했다. 문제는 새로 오는 지역 위원장이 불과 4년 전에 옆 수성시 을 지역구에서 출마해 낙선한 사람이라는 것이다. 명분도 실익도 없는 중앙당의 결정에 지역 위원회는 어수선했다.

이기승 변호사를 포함한 당원 몇몇이 이번 지역 위원장 공모에서 탈락한 최도일 도의원 위로 모임을 가졌다.

"선배는 화도 안 나요?"

저녁을 마치고 간단한 2차를 하는 와중에 취기가 오른 이기승 변호사가 한마디했다. 그냥 아무 일도 없는 양 편하게 웃고 떠들며 식사를 하는 최도일 의원에 대한 불만이었을 것이다. 하지만 최도일 의원은 맥빠지게 웃을 뿐이었

---

1 정당법 제37조(활동의 자유) ③에 따라 정당은 국회의원 지역구 및 자치구·시·군·읍·면·동별로 '당원 협의회'를 둘 수 있다. 각 정당은 대부분 국회의원 지역구별로 당원 협의회를 구성하고 있다. 더불어민주당에서는 당원 협의회를 '지역 위원회'라 칭하고 있다. 정당법에 따르면 당원 협의회의 운영을 위하여 당원 협의회 등의 사무소를 둘 수 없다고 되어 있으나 현직 국회의원은 대부분 당연직 당협 위원장이므로 국회의원의 지역 사무소에서 당원 협의회의 업무를 수행하고 관련된 회의를 개최하고 있다. 당협 위원장이 원외인 경우 사무소를 설치할 수 없으므로 당원 협의회의 운영이 원활하지 못한 것이 현실이다. 이 책에서는 지역구의 의미를 강조하기 위해 '지역 위원회'라는 용어를 사용했다.

다. 그리고 당이 결정한 만큼 따라야 한다고 했다. 새로 오는 지역 위원장이 비록 갑 지역구는 아니지만 수성시에서 정치 활동을 오래 했고 지명도도 있다고 했다. 이 사람은 도무지 욕심이 없는 것일까? 우유부단한 것일까? 최도일 의원 말에 화가 난 이기승 변호사가 그동안 쌓였던 불만을 토로했다. 당에 대한 불만을 거침없이 쏟아내는 이기승 변호사를 가만히 지켜보던 최도일 의원이 한마디했다.

"그렇게 잘 아는 이 변이 하지 그래."

"그래, 내가 할게요. 내가 해도 그 사람보다 낫겠다."

주변이 조용해졌다. 아차 싶었다. 술기운이 오른 당원들이 '이기승' '이기승'을 연호하며 웃었다. 이상하게 모임이 끝났다. 다음날 최도일 의원을 따로 찾아갔다. 요즘 기분이 별로여서 그랬노라 사과하고 최 선배가 적극적이면 좋겠다고 했다. 그런데 최도일 의원은 어제 본인이 한 말이 진심이었다고 말했다. 사람은 저마다 그릇의 크기가 있는데 자신은 국회의원 할 '깜'[2]이 안 된다고 했다. 이기승 변호사가 하는 것이 좋을 것 같다는 것이다. 당황한 이기승 변호사는 정치할 생각이 없음을 분명하게 밝히고 헤어졌다.

그리고 며칠이 지났다. 새로 임명된 지역 위원장이 연락을 해왔다. 늦은 시간에 만난 그는 이기승 변호사에게 도와달라고 했다. 이기승 변호사는 거절했다. 정치가 그래서는 안 될 것 같고 명분도 없는 일이라고 말했다. 그랬더니 은근 떠 보는 것이 아닌가? 어디서 무슨 말을 들었는지 혹시 정치할 생각이 있냐고 말이다. 순간 다시 욱하고 말았다.

"네. 제가 합니다. 더러워서라도 내가 하렵니다!"

그리고 며칠째 고민하는 꼴이 우스웠다. 두 번이나 사고를 쳤으니 입 싸기로 소문난 동네 정치판은 벌써 수군댈 것이다. 이러다가 아내의 귀에도 그 소리가 들어갈까 걱정이 됐다. 그냥 치기였다고 하면 그만이었다. 그런데 무슨 일인지 어느 순간 정치하면 어떻게 시작해야 할지를 고민하

---

**2** 일정한 자격이나 조건을 갖춤. 또는 그런 사람을 의미한다. 규범 표기는 '감'이다.

고 있었다. 며칠을 숙고했다. 정치할 마음이 있는지, 있다면 그 이유는 무엇인지, 정치를 잘 할 수 있는지 다시 생각했다. 고민하는 내내 가슴 한쪽에서 뜨거운 무엇이 올라오는 것을 느꼈다. 그 무언가를 따라가고 싶어졌다. 그래 한 번 해 보는 거야.

결심을 굳힌 이기승 변호사가 처음 한 일은 이전의 국회의원 후보[3]를 평가했던 것처럼 자신을 평가해 보는 일이었다. 대한민국 최고 국립 대학교를 나온 학력이나 변호사 경력은 나름 빠지지 않는다고 생각했다. 자연스럽게 새로 임명된 지역 위원장이 떠올랐다. 그와 비교해 봐도 꿀릴 것이 없었다. 굳이 따지자면 지역 활동과 지역 위원회 영향력 정도라고 생각했다.

지금까지 이기승 변호사는 자신을 서포터즈supporters라

---

[3] '후보자', '예비 후보자'가 공직선거법에서 사용되는 공식 용어이다. 하지만 이 책에서는 일반적으로 통용되는 '후보', '예비 후보'를 사용했다. 마찬가지로 공직선거법에서는 '당선인'을 사용하지만 이 책에서는 같은 이유로 '당선자'를 사용했다.

고 생각했다. 지난 대선 후보에 대한 호감과 응원하는 마음에 천하당 당원이 되었고 어쩌다 보니 지역 위원회 활동도 했다. 서울에 직장이 있는 탓에 지역 활동에 열정적인 당원과는 분명 차이가 있었다. 그래도 지역 위원회에서 만난 사람들과 형, 동생 하며 활동도 하고 당비도 내며 좋은 관계를 유지했다. 하지만 그것은 열정 많은 서포터즈 역할 그 이상도 이하도 아니었다.

이기승 변호사가 볼 때 지역 위원회는 다양한 그룹으로 나뉘었다. 현역 국회의원이자 지역 위원회 위원장, 광역의회 의원, 기초의회 의원 등 정치를 직업으로 선택한 사람들이 한 그룹이었다. 그들은 지역 위원회 상무위원 등 다양한 직책과 명함을 가지고 활동하는 사람들이었다. 다른 그룹은 관계자들이었다. 직업 정치인 그룹을 둘러싸고 지역 연고가 있는 사업가, 소상공인, 시민사회 활동가 등과 같은 사람들이었다. 이들은 직업 정치인 그룹을 응원하거나 비판하며 자기 의견을 피력했다. 마지막으로 지역 위원회에서는 거의 모습을 볼 수 없는 당원들이 있었다. 굳이 따지자면 이기승 변호사는 관계자 그룹에 가까웠다.

  선거철이 되면 정치인 그룹만큼이나 관계자 그룹도 바빠진다. 당 경선에서 누군가를 지지하고 응원한다. 그만큼 출마자의 도움 요청도 빈번해진다. 이기승 변호사는 서포터즈는 서포터즈만큼 책임을 지면 된다고 생각했다. 솔직히 지지해야 할 후보가 항상 좋았던 것도 아니었다. 저런 사람이 정치해도 되나 싶은 인물도 있었다. 이번에 사고를 친 현역 국회의원도 그중 하나였다. 하지만 대의를 생각하고, 최악이 아닌 차악을 선택하려 했다. 후보의 작은 흠결을 키우는 것보다 천하당이 승리하는 것이 우리 사회에 더 좋은 일이라고 생각했다. 서포터즈 역할에만 충실하면 된다고 다짐하며 애써 모른 척했다.

  하지만 관계자 그룹에서 직업 정치인 그룹으로 이동은 지금까지와는 전혀 다른 일이 펼쳐질 것이 분명했다. 야구팀 응원석에서 응원을 하다가 선수인 투수가 되어 마운드에 올라 공을 던지는 일이라고 생각했다. 이기승 변호사는 출마를 계산해 봤다. 1억 몇천 하는 선거 비용은 혼자 힘으로 감당할 수 있을 것 같았고, 직장 문제는 일단 휴직하면 되지 않을까 했다. 아내가 약국을 경영하니 생활비 걱정은 한동안 하지 않아도 될 것 같았다. 지금까지 공부든 시험이든 남한테 져 본 적이 없었다. 인물, 경력도 꿀리지 않는데 해 볼 만하다고 생각했다. 그리고 마음 저 끝에는 안 되면 다시 변호사로 돌아가면 그만이라는 계산도 있었다. 잠시 좋은 경험을 한다고 생각했다. 이기승 변호사는 마음속에서 이렇게 결정을 했다.

"그냥 딱 한 번만 해 보는 거야."

## '준비된 후보'는 어디까지 준비할까?

　우리는 그동안 많은 후보를 만나고 인터뷰를 진행했습니다. 출마 이유를 묻는 우리의 질문에 대부분 후보는 당선 가능성을 설명하는 것으로 답했습니다. 그리고 본인이 생각하는 당선 시나리오를 들려줬습니다. 중앙당 유력 인사와 특별한 관계에서부터 본인의 경력이 얼마나 특출난지 혹은 지역에서 자신의 영향력 등을 말입니다.

　공직 선거에 출마하는 후보 대부분은 다른 누군가에게 출마를 제의받은 경험이 있습니다. 그 순간 후보는 흔들렸다고 고백합니다. 자신의 인생 목표를 정치인, 공직 선거 당선이라고 정하고 준비해 온 사람이 얼마나 있을까요? 출마자 대부분은 공직 선거의 첫발을 준비 없이 주변의 권유로 시작합니다. 그리고 선거가 끝나면 후회와 아쉬움을 토로합니다.

　우리는 정치 컨설턴트가 아닌 선거 전문가입니다. 정치의 영역과 선거의 영역은 다르다고 주장합니다. 그렇지만 선거에 나서는 출마자는 정치인이어야 합니다. 우리가 생각하는 정치인이란 세상을 어떻게 바라보고 어떻게 바꾸겠다는 말과 행동을 가진 사람입니다. 그것이 후보의 정치철학이고 세계관입니다. 당선 시나리오는 그다음입니다.

왜 후보의 출마할 결심이 중요할까요? 선거가 시작되고 마주하는 현실은 상상과 다르기 때문입니다. 선거는 조직사람과 자금선거비용과 메시지홍보가 유기적으로 결합되어 움직입니다. 이 유기적인 결합의 중심에, 선거의 시작과 끝에 후보가 있습니다. 후보가 흔들리면 선거 전체가 흔들립니다. 후보의 출마 결심은 선거 운동을 온전하게 자신의 것으로 만드는 출발점입니다. 그래서 출마를 결심하는 데도 준비와 전략이 필요합니다. 지금, 당신 혹은 당신의 후보는 준비가 됐습니까?

# 당신 미쳤어?

"당신 미쳤어?"

이기승 변호사가 조심스럽게 꺼낸 이야기에 반응한 아내의 첫마디였다. 차분하게 설명하고 말고 할 분위기가 아니었다. 그렇지 않아도 어디선가 이상한 소문을 듣고 설마 하던 아내가 폭발했다. 아내의 화가 쏟아졌다.

"회사는 어쩔 거고, 당신이 왜 해야 하는데? 원래 그런 생각 안 했잖아. 진우는 또 어쩌라고 내년에 고3 수험생이야 당신 아들이. 그런데 뭐 출마를 한다고?"

이기승 변호사가 설명할 겨를도 없이 화가 난 아내는 한

마디를 남기고 약국으로 출근했다.

"출마할 거면 다시는 나 볼 생각하지 마!"

이기승 변호사의 출마 결심은 이렇게 첫걸음부터 벽에 부딪혔다. 솔직히 아내 말대로 출마를 시뮬레이션simulation 하면서 아내나 아들은 생각하지 않은 것도 사실이었다. 선거에 들어가는 돈과 직장 문제 정도만 생각했지 이런 반응을 예상하지 못했다. 계산에 없던 아내의 화를 어떻게 달래야 하나 걱정이었다. 결국, 그날 저녁에도 아내와는 아무런 대화를 나누지 못했다. 다음날에도 아내와 이기승 변호사는 개운치 않은 얼굴로 각자 출근했다.

본가와 처가에서 전화가 왔다. 무슨 일이냐고 따져 묻던 어머니도 반대를 분명히했다. 멀쩡한 변호사 관두고 뭔 정치냐고. 무엇 때문에 출마병에 걸렸냐고 했다. 출마병에 걸리면 집안이 패가망신한다는데 미쳤냐는 소리까지 들어야 했다. 가족 그 누구도 왜 출마하냐고 묻지 않았다. 다들 이기승 변호사가 헛바람이 들었다고 생각하는 것 같았다.

그동안 싹싹하고 사랑받는 아들이자 사위에서 출마라는 한 마디에 온 가족의 골칫덩어리로 전락했다. 내심 국회의원이 되면 무엇을 할 것인지를 생각하던 마음도 한풀 꺾였다. 그 순간 울린 아내의 카톡.

"당신 마음대로 결정하려면 알아서 해. 나도 내 인생 내 마음대로 살 테니까. 나한테 뭐 해달라고 하지 마!"

이기승 변호사는 이 와중에 '알아서 하라'는 말만 눈에 들어오는 자신이 보였다. 자신이 정말 미쳐가는지도 모르겠다는 생각도 들었다. 뭐 아내한테 부탁할 것은 없으니까. 시간이 가면 이해해 주리라 생각했다.

"그거 재미있겠다. 그래 가능성은 있어? 나도 응원할게."

점심시간에 출마 고민을 꺼내자마자 나온 최 변의 반응이었다. 가족들이 호떡집 불난 것처럼 뜨거웠던 것에 비하면 회사에서는 의외로 가볍게 여기는 분위기였다. 그래도 대학부터 로펌까지 동기인 최 변은 다를 줄 알고 따로 점심까지 대접하며 이야기를 꺼냈건만 그냥 재미있다는 정도였다. 그러고는 슬쩍 한다는 말이 지난 대선에 그렇게 유난을 떤 것이 이것 때문이었냐고 물었다. 이기승 변호사가 정치에 뜻이 있는 줄 몰랐다며 국회의원이 된 주변 선배 사례를 들면서 재밌어했다. 한순간에 지난 대선까지 소환됐다. 모든 행동이 이기승 변호사의 정치적 야망이 되고 말았다. 하나뿐인 동기라고 말을 꺼냈는데 속도 모르고 딱 거기까지였다. 이기승 변호사는 최 변의 무심한 반응이 서운했다. 하지만 굳이 설명할 마음도 없었다.

"그래 언제까지 출근할 거야?"

입 가벼운 최 변이 로펌 대표에게 국회의원에 출마한다고 전한 것 같았다. 대표와 마주앉은 이기승 변호사는 당황스러웠다. 아직 출마를 확정한 것도 아닌데 벌써 이럴 일인가 싶었다. 딱 한 번 해 볼 생각이고 확실하지 않다고 했지만, 대표는 이기승 변호사의 업무를 걱정했다. 당연히 사직할 것이라고 생각하는 대표를 보며 아직은 아니라고 몇 번을 말해야 했다. 그런데도 대표는 업무에 공백이 생기지 않게 미리 일정을 알려달라고 다시 말했다.

그날 저녁, 출마를 권유한 최도일 의원을 만났다.
"선배, 저 한번 해 보려고요. 도와주실 거죠?"
지금 상황에서 유일하게 응원하는 사람은 최도일 의원 밖에 없는 것 같다. 늦은 시간까지 출마 이야기가 이어졌다. 최도일 의원은 수성시에 변호사 사무소를 여는 것이 좋겠다고 했다. 이기승 변호사도 어차피 휴직을 생각한 마당에 하루라도 빨리 결정하는 것이 좋겠다고 생각했다. 하지만 다음 수순은 무엇인지, 당장 어디서부터 어떻게 시작해야 할지 막막했다. 최도일 의원이 사람들을 소개시켜 주기로 했다. 이기승 변호사의 첫 번째 행사는 변호사 사무소 개소식으로 잡았다. 대강의 계획을 정리하고 집에 돌아왔다. 아내에게 말했지만, 여전히 아내는 냉담했다. 본인과는 상관없는 일이라고 알아서 하라는 아내의 태도가 서운했다.

## 당신의 가족은 당신을 지지합니까?

우리는 '가족은 후보님을 지지합니까?'를 첫 번째 인터뷰 질문으로 합니다. 많은 후보는 이 질문에 우리를 뜬금없다는 듯이 봅니다. 당연히 지지한다고 생각하기 때문에 고민하지도 않습니다. 하지만 가족의 지지를 얻는 과정은 매우 중요합니다. 우리가 가족의 지지가 중요하다고 생각하는 이유는 다음 세 가지입니다.

첫째는 국회의원 출마는 공인의 삶을 선택하는 일이기 때문입니다. 공인의 삶은 후보뿐만 아니라 가족의 삶에도 영향을 미칩니다. 이것은 매우 힘들고 피곤한 일입니다. 수많은 정치인의 가족이 원치 않은 일로 언론 등에 노출됩니다. 후보와 가족을 다르게 보지 않는 우리 사회의 정서를 고려하면 후보만큼이나 가족도 이에 대한 검토와 동의가 필요합니다.

둘째는 가족 관계는 가장 강력한 메시지입니다. 선거에서 유권자에게 지지를 얻기 위해 전달하는 메시지는 수없이 많습니다. 우리는 유권자를 세분화하고 그에 맞는 메시지를 전달할 것을 요구합니다. 유권자는 후보의 가족에게 왜 후보를 지지하느냐고 묻지 않습니다. 의문이 들지 않는 메시지 전달은 강력한 힘이 있습니다.

셋째는 가족을 설득하는 과정이 선거 운동이기 때문입니다. 출마를 반기는 가족을 만나기는 쉽지 않습니다. 여러 이유로 반대하는 가족을 설득하는 과정은 유권자를 설득하는 과정과 다르지 않습니다. 만약 후보의 설득에도 가족이 출마에 동의하지 않는다면 유권자도 설득될 수 없습니다. 가족에게 지지받지 못하는 후보는 유권자에게 지지받을 수 없습니다.

지난 서울특별시 교육감 선거 후보로 출마했던 어떤 후보는 높은 인지도를 바탕으로 선거 기간 내내 지지율 1위를 유지했습니다. 그러나 후보의 딸이 '아버지는 교육감으로서 자질이 없다'는 요지의 글을 페이스북에 올리는 악재가 발생합니다. 지지율 선두를 달리던 후보는 선거 운동 마지막 날 유세 도중 공개적으로 딸에게 사과합니다. 다음날 이 교육감 후보는 낙선했습니다. 가족의 동의와 지지의 중요성을 알려 주는 대표적인 사건이 아닐까 합니다.

# 여론조사 적합도 2%

정신없이 두 달이 지나갔다. 결국, 회사에 사표를 제출하고 변호사 사무소를 냈다. 그나마 직업이 변호사인 것은 다행이었다. 다시 돌아갈 걱정은 크지 않았으니까. 아내의 반응은 여전했다. 사무소 개소식에도 오지 않았다. 하지만 꾸준하게 한 번만 해 보겠다는 호소가 먹혔는지 대놓고 반대하는 분위기는 좀 가라앉았다. 가족들의 반대도 좀 무뎌진 상태였다. 어차피 경선에서 떨어질 것이라는 주변의 수군거림도 가족들한테는 희소식이 된 것 같았다.

주변에서 알려 주는 경조사와 지역 행사를 벌써 후보가

된 양 업무 중간 짬짬이 찾아다니며 얼굴도장 찍는 인사를 하기 시작했다. 지역 언론사와 인터뷰도 했다. 최도일 도의원이 내년 총선 유력 후보로 기자에게 추천해 준 덕분이었다. 기자에게 무슨 말을 했는지 기억나지 않을 정도로 정신이 없었지만, 나쁘지 않은 호의적인 인터뷰 기사가 실렸다. 인터뷰 기사가 나온 날 주변의 전화도 많이 받았다. 이렇게 열심히 살아온 적이 있었나 싶을 정도로 바쁘게 돌아다녔다. 주변의 격려도 많았다. 평소에 선후배 하던 당원들은 환영하는 분위기였다. 모든 것이 잘 돌아가는 것 같았다. 물론 지역 위원회 행사에서 새로 온 지역 위원장이 주는 눈칫밥은 여전히 불편했다. 그래도 모르는 척 씩씩하게 인사를 다녔다. 하지만 지역 언론사 여론조사 결과가 나오자 상황은 변했다.

지역구 국회의원 '적합도 2%'. 이기승 변호사가 거둔 성적이었다. 8명 중 꼴찌! 이기승 변호사는 그때까지 이런 성적을 받아 본 적이 없었다. 성추문 당사자인 탈당한 현역

의원의 적합도조차 여전히 높게 나오는 것은 불가사의했다. 그렇게 욕을 먹었던 지역 위원장도 상대 정당의 몇몇 후보도 모두 이기승 변호사 앞에 서 있었다. 집안 양가 어른들은 이기승 변호사가 마음에 상처를 입었을까 걱정하면서도 내심 결과를 환영하는 분위기였다. 대놓고 말하지는 않아도 이쯤이면 그만둬야 하는 것이 아니냐는 눈치였다. 이기승 변호사는 여론조사 결과를 받아들일 수 없었다. 주변에서도 여론조사가 이상하다며 위로하는 분위기였다. 그래도 꼴찌는 너무 심했다.

그날 오후 이기승 변호사를 처음부터 지지한 지역 위원회 상무위원이 방문했다. 나름 지역에서 선거를 잘 아는 인물로 소문난 사람이었다. 그는 이기승 변호사의 선거 준비가 너무 두서없고, 우왕좌왕이라고 지적했다. 옆에서 지켜보는 자기가 답답해 죽을 지경이라고도 했다. 이대로 가서는 안 되고 선거를 제대로 준비해야 한다며 서울 여의도에 있는 유명한 선거 기획사를 잘 안다며 소개했다. 이기승 변호사는 아직 후보도 아닌데 벌써 선거 기획사를 만날 필요가 있겠냐고 반문했다. 하지만 그는 이렇게 계속 가면 선거 기획사를 만날 일도 없을 것이라며 타박했다. 이기승 변호사도 뭔가 반전이 필요하다는 것을 부정하지는 않았다. 내심 두 달 동안 바쁘게 뛰어다녔지만, 여론조사 결과를 보니 굉장히 잘못하고 있다는 생각이 들었다. 아무래도 전문가가 필요할 것 같았다.

## 여론조사와 싸우는 후보 vs 여론조사를 이기는 후보

    선거와 여론조사, 아니 정치와 여론조사는 뗄 수 없는 관계입니다. 언론사, 중앙당, 개별 후보 등의 여론조사는 선거에 직간접적으로 영향을 미칩니다. 언론사의 발표는 영향력 있는 지역 사람들의 입방아에 오르고 중앙당 여론조사는 컷오프에 활용되기도 합니다. 개별 후보는 인지도를 올리기 위해 여론조사를 진행하기도 합니다. 언제부터인가 여론조사는 무시할 수 없는 영향력을 가지게 되었습니다. 그래서 어느 유명 정치 컨설턴트는 선거가 여론조사 결과, 즉 데이터를 중심으로 돌아가야 한다고 주장하기도 합니다. 우리는 이런 주장에 동의하지 않습니다.

    지역 언론에서는 명절 즈음에 총선 출마 예상자를 대상으로 하는 지지도 혹은 적합도 조사 결과를 발표하기도 합니다. 공직 선거에 처음 출마하는 정치 신인이면 그 결과에 낙담하는 경우가 많습니다. 이럴 때 여론조사와 싸우는 후보가 있습니다. 좋지 않은 결과에 흥분하고 믿지 않는 경우입니다. 이런 후보의 선거 캠프는 결과를 부정할 뿐 분석하지 않습니다. 유무선 조사방식에 대해 비난하거나 응답률을 가지고 터무니없는 비판을 합니다. 여론조사와 싸우는 일은 아무 의미가 없습니다.

우리는 여론조사를 이기는 후보가 되라고 조언합니다. 각종 여론조사의 한계와 의미를 아는 후보와 선거 캠프가 되어야 합니다. 여론조사를 이기는 후보는 중앙선관위 여론조사 홈페이지에 게재된 여론조사 설문지 문항을 꼼꼼히 확인하고, 정당 지지도 추이, 연령별, 지역별, 성별 응답자 수, 지지 후보 없음 추이 등을 민감하게 살펴보고 분석합니다. 물론 역대 선거 결과와 비교는 기본입니다. 그래야 경선 등에서 활용되는 여론조사에서 후보에게 유리한 조사방식과 질문이 무엇인지 알고 대처할 수 있기 때문입니다.

실제로 한 여성 후보가 적지 않은 비용을 들여 컨설팅을 받았는데, 그 보고서는 '여성 전문가'를 주요 콘셉트concept로 해야 한다고 제안하고 있었습니다. 우리는 후보에게 이 콘셉트를 사용할 수 없다고 했습니다. 이유는 도덕 시험지 같은 설문 문항에 있었습니다. 이 설문 문항을 따라가면 대부분의 여론조사 응답자가 여성 전문가가 좋다고 했을 것이 분명했습니다. 우리는 자체 여론조사를 통해 여성 후보의 전문성과 관계없는 선거 콘셉트를 제안했고, 그 콘셉트를 통해 선거에서 이길 수 있었습니다.

# 후보님, 선거는 처음이죠?

　오랜만에 온 서울이었다. 깔끔한 선거 전문 기획사 회의실에서 미팅이 시작됐다. 그들은 시작부터 이기승 변호사를 충격에 빠트린 여론조사를 꺼내 들었다. 여론조사 결과에 대한 분석과 함께 수성시 갑 선거구에 대한 역대 선거 결과 분석, 유권자 분석 등 발표 자료를 들으니 지금까지 시간을 헛되게 보냈다는 생각이 들었다. 다음으로 이어진 회사 소개서에는 종편 채널에 출연하는 전문가가 보이고 뭔가 대단하다는 생각이 들었다.
　"후보님, 선거는 처음이시죠?"

기획사 대표는 당신의 고민을 우리는 이미 잘 알고 있다는 표정이었다. 그는 지금 당장 해야 할 것은 인지도를 높이는 것이 중요하다고 강조했다. 그리고 인지도를 높이려면 여론조사가 필요하다고 말했다. 또 문자 메시지 홍보와 SNS를 강조하며 페이스북만 지금 하고 있는데 대세는 유튜브와 인스타그램이라고 설명했다. 이기승 변호사는 막힌 혈이 뚫리는 기분이었다. 이렇게 하면 될 것 같았다.

"어떻게 시작하면 되지요?"

　　기획사 대표는 그럴 줄 알았다는 표정으로 조건을 제시하기 시작했다. 먼저 선거 기획서 작성에 들어가는 비용과 여론조사 비용을 말했다. 이기승 변호사가 처음에 생각했던 선거 비용에는 없었던 항목이었다. 설명은 줄줄이 이어졌다. 기본적인 선거 컨설팅 비용과는 별도로 경선에서 승리하는 경우 인센티브, 당선하는 경우 인센티브 그리고 본선거[4]에서 유세차, 인쇄물 등 선거 홍보물 일체에 대한 독

---

[4] 선거 현장에서는 14일간의 선거 기간을 '본선거', 또는 '본선'이라고 한다. 이 책에서는 '본선거'를 사용했다.

점 권한을 요구했다.

"한마디로 저희가 선거 전체를 대행하겠다는 이야기입니다."

문제는 비용이었다. 처음에 생각하지 못한 규모였다. 비용만 아니라면 이렇게 하는 것이 가장 깔끔하다는 생각이 들었다.

"솔직히 그 비용을 생각해 본 적이 없어서요."

"변호사님, 돈 없이 하실 생각입니까? 그건 불가능합니다. 선거 보전 비용은 국가가 돌려 주는 것이고 나머지는 최소한의 비용을 말씀드린 것입니다. 그 정도도 없으면 선거는 애초에 시작할 수가 없어요."

"돈이 없다는 것이 아니라, 생각을 못 했다는 거죠. 아무튼 잘 알았습니다. 조금 더 생각해 보겠습니다."

이기승 변호사는 판단이 서지 않았다. 이제 와서 전문가 없이 선거를 치를 엄두가 나지 않는 것도 사실이었다. 하지만 그렇게 돈을 써야 한다는 것이 뭔가 불편했다. 혹시 이것은 불법이 아닐까? 그렇다고 그들에게 불법 여부를 물어

볼 수도 없는 일이었다. 명색이 변호사인데 공직선거법 한 번 제대로 읽어 보지도 않았구나 하는 생각이 들었다.

"이 변, 선거는 지역에서 하는 겁니다."

최근에 지역 위원회에서 인사한 적이 있는 김 사장이었다. 변호사 사무소 회의에도 꾸준히 참석하며 홍보에 관해 조언하는 인물이었다. 그런 그가 오늘 이기승 변호사가 서울에서 선거 전문 기획사를 만났다는 이야기를 들은 것 같았다. 그는 선거에서 가장 중요한 것이 지역을 알아야 하는 것이라고 했다. 지역도 모르면서 다들 돈만 보고 그러는 건데 한심하다고 했다. 이유 모를 화가 많이 난 김 사장은 여기에 모인 사람들이 이 변이 좋아서 모인 줄 아느냐고 했다. 다들 자기 욕심이 있다고도 했다. 자기가 기획사를 하는데 선거 홍보물을 서울에서 해 오면 내가 왜 여기 있겠냐고 했다. 이기승 변호사는 머리가 아팠다. 좀 더 생각해 보겠다는 이기승 변호사의 대답이 마뜩잖았는지 김 사장은 자리를 박차고 나갔다.

사무실[5] 분위기는 썰렁했다. 이기승 변호사가 서울을 다녀온 후부터, 아니 여론조사 꼴찌 이후부터 시작된 일이었다. 이전에 찾아와서 덕담을 나누고 가던 사람들이 하나둘 보이지 않기 시작했다. 당장 잡히는 일정도 눈에 띄게 줄었다. 매주 금요일 밤에 하는 회의도 참석자가 줄었다. 그나마 나온 사람들도 일감을 약속하지 않으면 움직이지 않겠다고 했다.

그사이 선거 기획사의 방문도 한 번 있었다. 기획사가 수성시 갑 국회의원 선거 전략에 대해 핵심 관계자들 앞에서 발표했다. 최소한의 선거 기획이 필요하다고 생각하고 진행한 일이었다. 이기승 변호사와는 다르게 참석한 사람들은 언짢은 기색을 숨기지 않았다.

"이 정도도 모르는 사람이 있나?"

"모르지 않지요. 하지만 결과가 이러면 모르는 거나 다름이 없지요."

---

[5] 이 책에서 '선거 사무소'는 물리적 장소의 의미로, '선거 캠프'는 선거와 관련된 실무를 하는 조직의 의미로 사용했다. '선거 준비 사무소'는 '사무실'로 칭했다.

다시 아픈 여론조사의 등장이다. 지금까지 살아오며 단 한 번도 경험하지 못한 꼴찌 결과는 계속 이기승 변호사의 약점이 됐다.

"수성시는 수성시 사람들만 아는 선거가 있어요."

"그런가요? 수성시는 전형적인 수도권 선거 패턴에서 벗어나지 않는데요."

전체적인 토론의 흐름은 서울에서 온 전문 기획사가 수치를 바탕으로 주도해 갔지만 그럴수록 지역 사람들의 표정은 불만이 가득했다. 어느 순간 이기승 변호사를 의식하지 않는 전쟁이 시작됐다. 기획사가 인지도를 높이기 위해 여론조사를 제시하면, 지역에서는 여론조사를 해 봤는데 소용이 없었다는 경험적 주장으로 반대하는 형국이었다.

"그러면 여러분이 보시기에 지금 가장 큰 문제는 뭡니까?"

"돈이에요!"

기획사 질문에 지역 사람들은 지역에서 선거는 조직인데 지금 조직을 움직일 실탄이 없으니 선거 준비가 제대로 되지 않는다고 대답했다. 그리고 지역 사람들은 기획사를 향해 이번 선거에 몇 명을 파견할 것인지를 물었고, 기획사는 파견은 가능하나 숫자는 후보와 상의해야 한다고 답했다. 서로 상대방의 약점을 찌르는 대화가 이어졌다. 더는 회의가 무의미한 시간이었다. 이기승 변호사가 서둘러 회의를 정리했다. 그제야 후보가 있다는 사실을 깨달은 양 이기승 변호사에게 시선이 쏠렸다. 양쪽의 공통된 의견은 하나였다. 돈이 있어야 한다는 사실이었다.

"제가 좀 더 생각해 볼게요. 오늘 수고하셨습니다."

## 후보는 많고 선거 기획사는 없다

 선거를 처음 치르는 후보에게 선거 기획사는 함께 해야 할 중요한 파트너입니다. 하지만 대한민국에 전문적인 선거 기획사는 없습니다. 왜냐하면, 선거가 항상 있지 않기 때문입니다. 물론 선거를 잘하는 광고 대행사, 여론조사 회사가 있지만 대부분 선거 시기에 맞춰 선거 컨설팅 전문이라는 선거 기획사가 난립하는 것이 우리나라 선거 시장의 현실입니다.

 실제로 선거가 시작될 즈음이면 지역의 업체들과 광역권 기획사가 일을 수주하려고 선거 캠프에서 경쟁합니다. 지역 업체는 선거 캠프 구성원으로 일하며 압박하지만 전문성을 신뢰하기 어렵고, 광역권 기획사는 전문성은 있어 보이지만 한 지역의 선거에 집중하기 힘듭니다. 후보는 고민할 수밖에 없습니다. 그런데 지금 이 단계에서 필요한 것은 선거의 방향을 잡는 것이지 개별적인 인쇄, 유세차 업체를 정하는 일은 급하지 않습니다. 물론 일을 받기 위해 후보의 선거 캠프에 들어와 도움을 주는 사람들에게는 업체를 정하는 것이 중요하겠지만 말입니다. 우리는 후보에게 선거를 그려 줄 파트너, 선거를 책임질 파트너를 찾으라고 권합니다. 파트너가 누구냐에 따라 선거의 승패가 갈릴 수도 있습니다. 이것은 전적으로 후보의 판단과 결단의 영역입니다. 누구도 강제할 수 없으며 아무도 책임지지 않습니다.

선거, 정치 컨설팅으로 유명한 인사 중 한 명은 "여의도의 펠레"라는 별명으로 불립니다. 선거와 정치에 대한 예측이 펠레의 저주가 된다는 것입니다. 우리는 그의 예측이 틀리는 이유는 평론가 관점에서 선거를 바라보기 때문이라고 생각합니다. 유명인이라고 선거의 비책이 따로 있지 않습니다. 선거를 자신의 선거로 여기고 모든 것을 쏟아붓는 전문가, 선거 기획사는 선거의 결과를 예측할 수 있습니다.

# 사라진 초심

어렵게 낸 시간이었다. 이기승 변호사가 며칠을 졸라 아내와 1박 2일 여행을 떠났다. 출마하겠다는 말을 꺼낸 이후 서먹해지고 불편한 상황을 벗어나고 싶었다. 강원도를 향하는 내내 둘 사이에서는 출마에 대한 말이 없었다. 저녁까지 일상적인 이야기와 아들 이야기만 나눴을 뿐 아내도 내내 조심하는 분위기였다. 요즘 이기승 변호사 상태가 좋지 않음을 모르지 않는 아내였다.

"나 관둘까 해. 그동안 내 마음대로 결정해서 미안해."

저녁을 마치고 펜션에 들어와서 맥주를 한 잔 따르며 이기승 변호사가 말했다. 아내는 놀란 것 같았다. 좀 더 자세하게 말을 해달라는 아내의 표정이었다. 이기승 변호사가 현재 상황을 설명했다. 여론조사 이후 벌어진 일들을 전했다. 본인이 생각하는 것보다 돈이 더 들어가고 사람들은 돈만 쳐다보는 것 같아서 편치 않다고 했다.

"그런데 당신은 왜 출마하려고 했는데?"

이기승 변호사는 솔직하게 답했다. 처음에는 객기였는지도 모르겠다고. 어이없었던 현역 의원 성추문 사고부터 최도일 의원이 출마를 제안했을 때 자신도 그럴 생각이 없었다는 이야기까지. 하지만 시간이 지나면서 정치에 대한 욕심이 생겼다고 솔직하게 말했다. 그동안 응원하기 싫은 사람도 대의를 생각하며 응원했지만 그것은 옳지 않았다고 말했다. 정당 정치가 완벽하지 않은 만큼 자신처럼 관심이 있는 사람들이 정치를 직접 바꾸는 것이 좋겠다는 생각이 들었다고도 했다. 하지만 두 달 이상 마음고생 하며 이게 뭔가 싶다는 것까지 한참을 이야기했다.

"당신이 하려는 정치가 돈 쓰는 거야? 어차피 한 번만 한다며. 그럼 본인 생각대로 해야 하는 것 아니야? 별 미련 없는 것처럼 딱 한 번이라더니 벌써 지쳤다고? 그건 이기승 스타일이 아니잖아."

"그래도 이건 너무 예상과 달라서……."

"당신 생각대로 방식대로 해 보고 접어야 후회가 없지 않을까. 내가 보기에 포기하기에는 너무 많이 온 것 같은데. 나도 도와주지 못해서 미안했어. 안 돼도 좋으니까 하고 싶은 대로 하고 관두는 것은 어때? 어차피 회사도 관두고는……."

이기승 변호사는 자신의 방식을 되새겨 보았다. 여론조사에 전문가에 사람에 치여서 허우적거렸다는 생각도 들었다. 그리고 아내가 고마웠다. 뭔가 정리된 것 같은 기분이었다. 다음날 이기승 변호사는 한결 나아진 기분으로 수성시로 돌아왔다.

"제 생각과는 너무 다른 것 같아요."

오랜만에 만나는 최도일 도의원. 이기승 변호사 출마에

결정적 역할을 했지만, 대놓고 나서서 도와주지 못하는 상황이었다. 현실적으로 지역 위원장 눈치를 보는 위치였다. 그래도 지역 위원회 일정을 공유해 주는 것만으로도 고마웠다. 최도일 의원은 지역 위원회 당원들의 평판도 나쁘지 않다고 격려하면서 조금 더 노력해 보자고 했다.

"내가 생각하는 이 변은 지금보다 더 센 사람이야."

원래 선거를 한다면 시끄럽기 마련이라고도 했다. 사람들이 모이면 말이 나오는 것은 당연하다고 그런 일로 상처를 받아서는 안 된다는 충고도 빠뜨리지 않았다. 이기승 변호사가 만났던 서울의 선거 기획사는 자신도 들어본 적이 있다며 나쁘지 않은 회사라고 했다. 그리고 지역에서 도와주는 사람들이 김 사장의 표현처럼 이권을 향해 달려드는 것만은 아니라고도 했다.

"그날 내가 미쳤어요. 그날이 문제였어요."

둘은 지역 위원장 발표가 나던 날 술자리를 떠올렸다. 그날 무엇에 씌운 것처럼 왜 그랬는지 모르겠다며 웃었다. 최도일 의원이 조심스럽게 이야기를 꺼냈다. 오래전 국회의원 선거에서 본 '선거도사'라는 사람에 관한 이야기였다. 선거에 져 본 적이 없는 사람, 선거 캠프를 총괄하고 당선되면 홀연히 사라지는 인물이 있다는 이야기였다. 심지어 선거 득표수를 정확하게 맞춘다는 믿을 수 없는 이야기를 했다. 그리고 이기승 변호사가 원하면 연락처를 알아봐 주겠다고 했다.

"선거도사요? 그럼 도사님이라고 불러요? 하하."

이상한 호칭부터 마음에 들지 않았다. 선거 기획사는 이미 만났는데 그럴 필요가 있을까 싶었다. 소위 선거 전문가라는 사람이 필요하다고는 생각했지만, 내용이 다를까 싶었기 때문이다. 그래도 최도일 의원 추천이니 감사하다며 연락처를 알아봐 달라고 요청했다.

"어이 이 변, 요즘 잘 되나?"

"아니, 그냥 그러네. 생각보다 재미없어."

로펌 동기 최 변의 전화였다. 최 변이 국회의원이 된 대학 선배들을 찾아다니며 물어봤는데 추천받은 사람이 있다며 전화번호를 건넸다. 선거 전문가인데 정치판에서는 유명하다고 했다. 그래도 잊지 않고 전화를 해 주는 최 변이 고마웠다. 출마하겠다고 하니 사람을 소개받는 일이 일상이 됐다. 나중에 전화해 보지 뭐 하며 전화번호를 휴대전화에 저장했다.

며칠 후 최도일 의원으로부터 선거도사 연락처가 왔다. 저장하려니 이미 저장된 번호였다. 최 변이 선거 전문가라고 준 번호였다. 이런 우연이 있을까 싶었다. 무조건 만나 봐야 할 것 같았다. 뭔가 계시라도 받은 것 같았다. 선거도사가 21세기에 어울리는 이름은 아니지만 그래도 이런 우연에는 뭔가 필연적인 이유가 있을 것 같았다.

## '선거도사'는 누구일까요?

　우리는 이 책을 기획하며 실존 인물을 모티브로 '선거도사'를 만들었습니다. 선거도사는 선거를 치르는 후보를 위한 가장 이상적인 사람입니다. 현실에서 쉽게 만나기 어려운 것도 사실이기에 '선거도사'라는 조금은 우스꽝스러운 이름으로 거리감을 줬습니다.

　선거도사는 선거를 능동적으로 총괄하는 사람입니다. 선거도사는 선거에 대한 모든 것을 아는 사람은 아니라고 스스로 이야기합니다. 하지만 선거도사는 "내가 후보"라며 후보의 처지에서 말하고 결정하는 사람입니다. 선거도사는 그간의 경험을 바탕으로 선거 과정에서의 갈등과 시행착오에 즉각적으로 대응하고 해결합니다.

　우리는 종종 선거를 영화에 비유합니다. 영화 한 편이 제작되기까지 배우는 물론 제작자, 감독에서 조명, 소품, 대본, 홍보 마케팅 등 많은 사람이 제 역할을 하는 것이 필요합니다. 후보가 주연 배우라면, 선거도사는 영화의 기획부터 제작, 극장 배급까지 영화가 관객과 만나기까지의 전 과정을 총괄하는 프로듀서라 할 수 있습니다. 우리는 선거에서 성공하려면 주연 배우<sub>후보</sub>가 감독 역할을 해서는 안 된다고 생각합니다. 물론 주연 배우가 제작과 감독을 병행했는데도 흥행에 성공하는 영화도 없지 않지만 말입니다. 선거에서는 후보의 역할과 선거 캠프 총괄의 역할이 구분되어야 합니다.

실제로 우리가 모티브로 삼은 선거도사는 선거 캠프 운영이 완벽하며 선거 운동 과정에서 시행착오가 전혀 없는 것으로 유명합니다. 선거도사는 후보에게 선거 캠프 운영의 전권을 요구하고, 후보의 잘못된 점을 직설적으로 다그치기도 합니다. 선거도사는 19대 총선 이후의 모든 지방 선거와 총선 승률 100%를 자랑합니다. 이와 같은 사례를 기반으로 우리는 선거 캠프 총괄을 선정하는 것이 선거 기획사나 정치 컨설팅 회사를 결정하는 것보다 선행되어야 한다고 생각합니다. 물론 선거를 시작부터 끝까지 경험한 선거도사가 드문 것이 현실이지만 말입니다.

# 도사님과 자기소개서

서울 여의도에 있는 작은 오피스텔이었다. 처음에 수성시로 찾아오겠다는 것을 이기승 변호사가 말렸다. 불편했던 지난번 회의가 떠올랐던 때문이었다. 혹시라도 누가 보면 말만 많아질 것이 뻔했다. 그래서 직접 선거도사 사무실로 방문하기로 했다. 책이 유난히 많다는 것 외에는 특별한 점이 느껴지지 않는 개인 사무실에 일명 선거도사가 기다리고 있었다.

"원래는 점집 같이 꾸미려고 했었습니다."

"네?"

"아, 주로 점집 찾아오듯 오시는 분들이 있어서요. 농담입니다."

이기승 변호사가 사무실을 둘러보는 모습을 보며 선거도사가 건넨 첫마디였다. 이런 맥락없이 썰렁한 농담을 던지는 사람이 진짜 선거 전문가가 맞나 싶었다. 같이 앉은 아내를 쳐다봤다. 아내 역시 썰렁하다는 표정이었다. 선거도사는 아내가 같이 오면 좋겠다고 당부했다. 그래서 아내가 퇴근하는 시간에 맞춰 잡은 약속이라 늦은 저녁이었다.

"사모님께서는 남편의 출마를 지지합니까?"

선거도사는 이기승 변호사가 아닌 아내에게 첫 질문을 했다. 아내는 처음에는 반대했지만 이미 많은 일이 진행되었고 지금은 인정하고 있다고 답했다. 선거도사는 선거는 반드시 가족을 선거 현장으로 불러내고 당선이 되어도 주변의 시선을 의식하며 살아야 한다는 것을 강조했다. 아내뿐만 아니라 자녀에게도 큰 짐이 될 수 있음을 구체적 사례를 들어가며 한참 설명했다. 아내의 표정이 점점 어두워져 갔다. 이기승 변호사는 이게 무슨 상황인가 싶었다. 왜

안 좋은 이야기만 늘어놓는 것일까? 답답했다.

"지금까지 말씀드린 위험을 감수하더라도 남편분의 출마를 지지하겠습니까? 지금 답을 안 하셔도 좋습니다. 정말 진지하게 생각하고 답을 주셔야 합니다."

선거도사는 이기승 변호사를 향해 시선을 돌리며 물었다.

"아내에게 후보님이 반드시 출마해야 하는 이유를 말씀하신 적이 있나요? 후보님은 아드님을 포함한 가족의 동의를 얻었다고 생각하십니까?"

이기승 변호사는 그동안 아내와의 다툼, 강원도 펜션 술자리 등이 떠올랐다. 쉽게 대답을 못 하는 이기승 변호사에게 선거도사가 말을 이어갔다. 선거에서 후보를 무조건 지지하는 첫 번째가 가족이어야 한다고. 가족의 지지가 중요한 이유를 설명했다. 솔직히 지금까지 생각조차 해 본 적이 없는 말이었다. 선거도사와 대화가 계속되면서 흔히들 생각하듯 출마 포기 이유가 가족의 반대나 패가망신 때문이 아니라, 출마 이후 공인의 삶이 져야 할 무게 때문이라는 점이 분명해졌다. 가족에게 출마한다고 통보하거나 국회의원이 되겠다고 말하는 것이 아니라 유권자 앞에 선 것처럼 설득할 수 있는 내용을 준비해야 한다는 것을 알게 됐다.

"후보님은 제가 드리는 서류를 채워서 보내 주세요. 일주일이면 되겠지요? 되도록 다른 활동 하지 말고 이 서류 작성에 집중해 주세요. 서류를 다 작성하시면 다시 한번 뵙는 것으로 하지요. 오늘 제 이야기는 이게 다입니다. 혹시 궁금한 점이 있으면 물어보세요."

이기승 변호사가 건넨 서류를 보았다. 대학에 갈 때 작성한 자기소개서와 유사한 양식이었다. 이걸 작성하는 데 일주일이나 걸릴까 싶었다.

"그런데 지난 여론조사 결과는 어떻게 보세요?"

"아. 후보님의 적합도가 2% 나온 여론조사 말씀이죠? 원래 후보님은 그쯤 나오는 것이 정상이에요."

"그런 제게 승산이 있을까요?"

"글쎄요. 승산이 없다면 승산이 없다고 말씀드리고 저는 하지 않을 거예요. 하지만 오늘은 그 판단까지는 하지 않

겠습니다."

"득표수도 정확하게 맞추신다고 하던데⋯⋯."

"하하. 몇가지 조건이 맞으면 맞추는 것은 어렵지 않습니다. 그런데 그게 중요한가요? 득표수를 맞추는 것보다 후보님이 이기는 것이 더 중요하지 않을까요?"

솔직히 색다른 경험이었다. 이제껏 만난 기획사나 지역에서 요구한 인쇄, 유세차 또는 SNS 이야기는 꺼내지도 않은 편안한 자리였다. 이기승 변호사는 묻고 싶은 것들이 자꾸 생겼다. 하지만 시간이 많이 지나 있었다.

"그럼, 제가 서류 작성하고 연락을 드리겠습니다."

"네. 사모님께서도 그동안 잘 생각하시고 답을 주세요."

돌아오는 길에 아내는 재미있는 회의였다고 했다. 이기승 변호사도 뚜렷하지는 않지만 한 줄기 빛을 본 것 같은 기분이었다.

## 자기소개서가 선거의 출발인 이유

　우리는 후보에게 자기소개서 작성을 요구합니다. 자기소개서는 후보의 출생부터 지금까지 인생의 주요한 내용을 담기를 요청합니다. 당연히 출신 학교부터 성장 과정 등 세세한 기록들이 담겨야 합니다. 1차 목표는 후보로부터 시작되는 관계들을 찾아내고 선거에 연결하기 위해서입니다. 나아가 후보를 향한 비판과 비난할 수 있는 모든 것을 대비하기 위함입니다. 대개의 후보는 쉽게 생각했다가 작성에 어려움을 겪습니다. 앞서도 언급한 것처럼 정치에 대한 철학이 제대로 정리되지 않았기 때문이기도 하고 내보이고 싶지 않은 과거도 떠오르기 때문입니다. 하지만 솔직하지 않으면 의미가 없습니다.

　우리는 후보에게 자기소개서에 자신의 속내를 솔직히 표현하도록 권합니다. 측근이라 할 수 있는 가족과 지지자와는 후보가 하려는 정치적 욕망을 공유해야 하기 때문입니다. 그리고 후보의 정치적 욕망을 이해하고 동의하는 지지자는 그 앞에 '열성'이라는 단어가 붙게 됩니다. 열성 지지자 100명이 모이면 선거에서 절대 지지 않습니다. 선거구 획정을 위해 중앙 선관위 선거구 획정 위원회가 제시한 올해 1월 말 인구수 기준 상한은 27만1,042명, 하한은 13만5,521명입니다. 20만 인구의 선거구라고 가정할 경우 100명의 열성 지지자는 지역구 인구의 0.05%에 불과합니다. 하지만 그 0.05%의 열성 지지자가 선거 결과를 바꿀 수 있습니다.

자기소개서가 후보의 인생사를 선거의 관점에서 재정리하는 것이라면, 이와 더불어 선거 환경과 주요 경쟁자들에 대한 자료 분석을 병행해야 합니다. 일반적으로 SWOT 분석을 권합니다. 가장 직관적인 분석 도구이기 때문입니다. SWOT 분석은 후보의 내부적인 강점Strengths과 약점Weaknesses, 외부적인 기회Opportunities와 위협Threats, Fear을 파악하여 전략적인 방향성을 제시하는 분석 방법입니다. SWOT 분석을 통해 유권자가 이해하기 쉽고 관심이 높은 장점과 경력, 상대방의 약점을 찾아내야 합니다. 또한, 찾아낸 장단점에 대해 여러 방법으로 그 유효성을 검증해야 합니다. 후보의 약점도 외부의 기회와 위협 요인에 따라 장점이 될 수 있으며, 마찬가지로 후보의 강점이 약점으로 작용할 수 있습니다. 그러므로 바라보는 시각에 따라 분석 결과는 달라질 수 있습니다. 후보의 시각이 아니라 유권자의 시각과 눈높이, 정서에 부합되는 분석을 전문가와 함께 진행해야 합니다.

대표 경력의 선택에도 신중해야 합니다. 어느 지역에서는 대통령과의 관계, 대통령실 직함 등이 의미 있는 결과를 보입니다. 일반적으로 높고 훌륭한 경력이어도 대중적 인지도가 낮은 기관, 단체 등에서 쌓은 경력은 어려움을 겪습니다. 기준은 설명이 필요한가에 달려 있습니다. 전직 장관, 대통령실 비서관, 현역 국회의원 등은 설명이 필요 없는 대표 경력이 됩니다.

# 선거의 시작과 끝

 선거도사와 두 번째 만남이었다. 이번에도 여의도 오피스텔에서 아내와 함께였다. 선거도사는 이기승 변호사가 작성한 서류를 가볍게 훑어봤다. 그리고 아내에게 출마에 동의하는지 다시 물었다. 아내는 남편의 출마에 동의한다고 했다. 쉽지 않겠지만 각오했다고 대답했다. 선거도사는 선거 과정에서 아내에게 많은 것을 요청하게 될 것이라고 말했다. 아내는 흔들리지 않았다. 자신이 할 수 있는 일이라면 하겠다고 했다.

 "후보님……. 서류 작성은 쉬웠나요?"

선거도사가 이기승 변호사에게 물었다. 이기승 변호사는 처음에는 쉬워 보였지만 쉽지 않았다고 솔직히 답했다. 자서전, 아니 참회록을 쓰는 것 같았다며 지난 일주일을 떠올렸다. 정말 친했던 친구가 떠오르기도 하고 아들에 대해서는 아는 것이 없다는 생각도 들었다. 어제 만난 친한 당원 선후배가 어디에 사는지도 몰랐다. 서류를 작성할수록 지금까지 살아온 인생이 그다지 깨끗하지 않다는 생각도 들었다. 대학, 취업 준비 시절 자기소개서를 작성할 때 느꼈던 낭패감이 되살아났다고 고백했다. 선거도사는 아무 말 없이 경청했다.

"좋습니다. 그런데 저와 함께하려면 약속을 하셔야 합니다. 이번 후보님의 선거와 관련된 모든 권한을 제게 주셔야 합니다. 그럴 만큼 후보님은 저를 신뢰하시나요?"

"모든 권한이라면, 어디까지를 말씀하시는 건가요?"

"말 그대로 모두입니다. 후보 사퇴까지 포함해서요."

긴 침묵이 이어졌다. 이기승 변호사는 선거도사의 생각을 더 듣고 싶다고 말했다. 그리고 사람을 신뢰하는 것과 선거의 전권을 주는 것은 다른 일이라고 말했다. 선거도사가 이번 선거를 어떻게 진행할 것인지 말해 주면 결정하겠다고 했다. 선거도사가 웃었다.

"어쩌면 오늘이 선거에 대해 말하는 마지막이 될 것입니다. 저와 약속하면 그 후에는 각자의 역할을 다할 뿐이니까요. 선거는 후보와 상의하면서 하는 것이 아닙니다. 저는 후보와 상의하면서 선거를 하지 않습니다."

선거도사가 설명했다. 이번 총선은 정당의 후보가 되는 것이 중요하고 경선이 선거의 70%이다. 막상 본선거는 후보가 할 수 있는 캠페인 영역이 아닌 정당의 경쟁이다. 경선은 본선거에 비해 관심이 턱없이 낮다. 따라서 조직을 장악하고 있는 현역 의원이 절대적으로 유리하다.

"그러면 제가 가능성이 있을까요? 지난번에는 가능성이 없으면 하지 않을 것이라고 하셨는데……."

선거도사는 힘든 싸움이지만 가능성을 봤다고 했다. 이번 선거에 참여를 결정하는 첫 번째 이유로는 사고 지역이라 정당의 현역 의원이 부재하다는 점을 꼽았다. 물론 지금 현역 의원이 출마할 수 있겠으나 검찰 조사나 기소 여부 등과 관련해 이미 손을 떠난 문제라고 보았다. 두 번째는 새로 온 지역 위원장의 지역 위원회 장악이 완벽하지 않은 것으로 보인다고 했다. 세 번째로 선거는 후보가 선거 운동의 시작과 끝이라고 강조했다. 시작이라는 것은 자기소개서가 선거의 출발이라는 것이고, 가족을 설득하는 것부터 선거 운동이 시작된다는 의미라고 했다. 끝이라는 것은 선거 결과에 대한 책임은 온전히 후보에게 돌아간다는 이야기였다. 이기승 변호사와 아내가 지난번 회의 후에 진지하게 결정했으니 이 조건에서 출발할 수 있다고 했다.

"선거에는 후보의 역할과 선거 캠프의 역할이 있습니다. 저의 역할은 후보가 이번 선거에서 승리할 수 있도록 선거 캠프를 총괄하는 것입니다."

이기승 변호사는 선거 기획사와 했던 회의가 떠올랐다. 지역에서 동의할지 걱정이었다. 선거도사는 이기승 변호사가 사람들 앞에서 공개적으로 한마디 선언만 하면 된다고 했다.

"제가 모든 것을 결정한다고, 저에게 후보가 가진 모든 결정 권한이 있다고 말씀하시면 됩니다. 나머지는 제가 알아서 합니다. 좀 더 생각할 시간을 드릴까요?"

"아닙니다. 모든 것을 맡기겠습니다."

이기승 변호사가 선거도사 손을 잡았다. 어차피 다른 선택이 없었다.

"그런데 사람들 앞에서 선거도사는 이상하지 않을까요?"

"하하. 그냥 이 박사라고 하세요."

## 출마할 결심에 추가로 포함해야 할 것

    지금까지 우리는 국회의원 선거에 출마할 후보가 미리 정리해야 할 내용을 설명했습니다. 출마 이유의 정리, 가족의 동의, 자기소개서와 SWOT 분석, 여론조사에 견지해야 할 태도와 일을 수주하려는 다양한 업체들의 조정, 마지막으로 선거 총괄 책임자인 선거도사가 필요한 이유까지 간단하게 언급했습니다. 이 정도만 해도 많은 시행착오를 줄일 수 있으리라고 우리는 확신합니다.

    제1부를 정리하며 추가하고 싶은 이야기가 하나 있습니다. 돈에 관한 문제입니다. 후보가 이번 선거에 운용할 수 있는 개인 자금이 얼마인지, 그 밖의 비용은 어떻게 조달할 것인지, 지출되어야 할 항목들은 무엇인지에 대한 선거 예산서를 수립해야 합니다. 구체적인 선거 예산서가 필요한 이유는 미리 예산을 잡고 있어야 선거 진행 과정에서 선거 자금의 집행에 흔들리지 않기 때문입니다. 하지만 선거를 기획하는 시작부터 선거도사와 같은 전문가를 만나면 이러

한 선거 비용 조달과 지출 방식은 달라질 것입니다.

　흔히들 돈이 들지 않는 선거를 이야기합니다. 하지만 현실에서 선거 비용의 지출은 미리 준비되어야 합니다. 보통 선거 비용 제한액은 1억 몇천만 원 정도로 정해져 있으며, 선거 외 비용의 지출 규모도, 선거 비용 보전액도 쉽게 가늠할 수 있습니다. 그러므로 출마하려는 후보는 법에 정해진 비용 정도는 집행할 수 있어야 합니다. 그마저 어렵다면 진지하게 출마를 다시 생각해야 합니다. 출마부터 경제력에 문제가 있는 후보는 선거 과정에서 그리고 당선 후에 돈의 유혹에 흔들리는 모습을 우리는 많이 봤습니다. 권력에 가까이 가게 되면 유혹은 더 많아집니다. 그리고 유혹의 덫에 걸려 정치생명이 끝나 사라진 정치인을 우리는 이미 여럿 알고 있습니다.

완벽한 **당선사례**

# 후보의 자격

PART 2

# 사람을 낚는 어부

금요일 밤 사람들이 하나둘 모였다. 이기승 변호사가 중요한 결정이 있다고 공지했기 때문이었다. 지금까지 참석하지 않았던 이기승 변호사의 아내, 권아름 씨도 자리를 잡았다. 이기승 변호사의 아내인 권아름 씨의 등장만으로도 오늘이 중요한 날임을 보여 주었다. 얼추 모이자 이기승 변호사가 일어섰다.

"그동안 부족한 저를 도와주셔서 감사합니다. 저도, 이 자리에 계신 여러분도 모두 선거에서 이기는 것이 가장 중요할 것입니다. 그래서 어렵게 모신 분을 소개합니다. 이 박사님입니다. 아시는 분은 이미 아시겠지만, 대한민국에서 선거를 제일 잘 아는 분이라고 생각합니다."

사람들이 웅성거리는 가운데 자리에서 일어난 이 박사가 목례를 했다. 이기승 변호사가 말을 이어갔다.

"제가 선거에 처음 출마한 탓에 그동안 많은 시행착오가 있었습니다. 여러분의 고생이 헛되지 않도록 제가 더 잘하겠습니다. 앞으로 경선, 본선거 선거 캠프에 관한 모든 의사 결정은 이 박사님에게 맡기겠습니다. 선거 캠프에 필요한 부분이나 바꿔야 할 것이 있으면 여기 계신 이 박사님과 상의하시면 됩니다."

"이 변, 우리와는 상의도 없이 갑자기……."

이 박사가 일어나서 사람들을 향해 말했다.

"먼저 호칭부터 정리하시죠. 이 변, 변호사님, 선배 등 여러 가지인데요. 앞으로 예비 후보 등록까지 시간이 남았지만, 우리 내부에서는 '후보'라고 호칭을 통일합니다. 후보님이 여기에 있는 분들이 처음 시작을 같이한 소중한 분들이라고 하셨습니다. 그 소중함이 헛되지 않도록 최선을 다하겠습니다."

이 박사의 인사가 끝나자 자연스럽게 이기승 변호사, 아니 이기승 후보는 자리를 피해 나갔다. 그리고 사람들의 웅성거림은 계속됐다.

다음날 오전부터 이 박사는 한 사람씩 면담을 시작했다. 이런 상황을 좋아하는 사람은 없었다. 사람들은 후보를 찾아 전화하기 바빴고, 후보는 이 박사와 상의해 보라고 할 뿐이었다.

"이 박, 내가 움직일 수 있는 사람이 몇 명인지 알아?"

"대단하십니다. 선배님은 찐 데이터[6] 100명만 채워 주십시오."

"이 박, 내가 아는 여론조사 회사가 있는데……."

---

[6] 본문에서 거론되는 '데이터'는 일반적인 휴대전화번호를 말한다. 이 전화번호에 주소와 직업, 가족 관계 등이 덧붙여진 촘촘히 정리된 데이터도 있다. 이러한 진성 데이터를 선거 현장에서는 '찐 데이터'라고도 한다. 데이터는 당원 등과 관련된 공조직 데이터 그리고 동문회, 향우회, 직종 등과 관련된 사조직 데이터로 구분할 수 있다. 이 책에서는 이들을 아울러 모두 '데이터'라고 표현했다.

"그 회사 담당자에게 제 연락처를 알려 주고 연락하라고 하세요. 검토하겠습니다."

이 박사가 선거에 필요한 업무와 선거 운영에 대해 정리했다. 선거 준비 사무소는 최소한의 스태프가 일한다. 그리고 모두 나가서 목표한 사람을 잡기 위해 최선을 다한다. 매일 아침 준비 상황과 점검 회의를 정례적으로 진행한다. 이 박사는 선거 준비 단계에서 '보고'와 '회의'의 중요성을 스태프에게 강조했다. 보고와 회의 준비는 어떻게 해야 하는지, 회의에서 보고는 어떻게 해야 하는지, 보고의 내용은 어떠해야 하는지, 회의에서 무엇을 논의하고 결정해야 하는지에 대해 설명하고 실행을 요구했다. 그리고 실무에서 효율적이지 못한 과정과 결과에 대해 질타를 쏟아내었다.

늦은 밤, 이기승 후보와 이 박사가 다시 만났다. 그 자리에 최도일 의원이 찾아왔다. 최도일 의원은 이 박사의 참여를 진심으로 반겼다. 최도일 의원은 이 박사가 숙소는 정했는지, 차량은 있는지, 면담한 사람들은 어땠는지 세세하게 챙겼다. 가벼운 주제부터 현재 정치 상황까지 이러저러한 대화가 이어졌다. 도와줘서 고맙다는 최도일 의원의 말에 이 박사는 이제 곧 선배님 도움이 필요할 때가 올 것이라고 대답했다. 최도일 의원은 무슨 말인지 알겠다는 듯이 웃었다. 그렇게 본격적인 준비가 시작됐다.

## 후보와 선거 캠프의 이상적 관계는?

선거의 중심에는 후보가 있습니다. 대부분의 선거 캠프에서 의사 결정은 후보가 하며, 선거 자금의 집행 권한도 후보에게 있습니다. 그렇기 때문일까요? 당장 자리 배치부터 '여기는 후보가 주인공'이라고 보여 주는 선거 캠프가 많습니다. 후보는 이곳에서 사람을 접견하고 회의를 주관합니다. 후보가 주인공인 선거 캠프, 후보에게 내 집 같은 편안함을 주는 선거 사무소는 선거에 도움이 될까요?

우리는 후보에게 후보만이 할 수 있는 선거 운동이 있다고 강조합니다. 그 선거 운동은 선거 사무소 안에서 할 수 있는 일이 아닙니다. 그런데도 후보가 선거 사무소에 있기를 좋아하면 선거 사무소에 사람이 꼬이기 시작합니다. 일은 하지 않고 덕담만 오가는 공간이 됩니다. 모두들 후보가 언제 오나 기다리는 선거 캠프가 됩니다. 후보가 사장님 같은 선거 캠프의 경우도 있습니다. 후보 스스로 선거를 잘 안다고 생각하고 진두지휘합니다. 후보가 이런 식으로 선거 캠프를 장악하면 선거 사무원들은 사장님 앞 직장인처럼 후보 눈치를 봅니다. 후보의 호불호로 선거 방향이 바뀌기도 합니다. 이런 선거 캠프가 선거에 도움이 될 리 만무합니다.

　후보는 자신의 선거를 지배하지 못합니다. 특히나 국회의원 선거라면 더욱 그러합니다. 지역 유권자의 정당 지지도가 당락에 가장 큰 영향을 끼칠 것입니다. 따라서 후보는 후보 본연의 선거 운동에 집중하고 그 밖의 선거 운동은 선거 캠프의 전략적 판단에 맡겨야 합니다. 문제는 선거 캠프 책임자에 대한 신뢰 여부가 될 것입니다. 선거 콘셉트를 결정하는 정도가 선거 캠프에 관여할 수 있는 후보의 일입니다. 사실 책임자를 신뢰할 수 있다면 그마저도 필요 없다고 우리는 생각합니다. 이것이 우리가 주장하는 후보와 선거 캠프의 이상적 관계입니다.

# 4명의 후보가 있다

이 박사가 오고 나서 어수선했던 선거 준비팀[7]은 자리를 잡아가고 있었다. 구체적인 목표가 생긴 사람들은 밖으로 나갔다. 사람들의 활동 결과는 숫자로 확인됐다. 후보부터 사무실에 오는 일이 줄어들자 자연스럽게 사람들의 방문도 줄었다. 사무실은 최소한의 인원만 일하는 공간이 되었다.

---

[7] 공직선거법에 따라 예비 후보 등록 전까지 합법적인 선거 사무소는 설치할 수 없다. 단, 예비 후보 등록과 당내 경선을 준비하기 위해 운영되는 소위 선거 준비 사무소는 정당의 공천 신청(예정)자가 순수하게 당내 경선의 준비 활동을 위한 정도라면 허용되고 있다. 좋은 위치의 선거 사무소를 확보하려는 전략으로 미리 건물을 계약하고 선거 준비 사무소로 이용한 후 예비 후보 등록 후에 선거 사무소로 신고하는 경우도 있다. 에피소드에서는 '선거 준비팀'이라 하였고 그 내용은 공직선거법에 의거한 유권 해석과 다를 수 있으니 유의해야 한다.

일하는 방식이 하나씩 자리를 잡아가면서 이 박사는 공식적인 선거 캠프 준비에 들어갔다. 어차피 나중에 확장되겠지만 지금은 후보 주변에서 확실한 사람을 찾아야 했다.

"믿을 수 있는 사람이 있습니까?"

"어느 정도 경력이면 될까요? 몇 명이나?"

선거 캠프 명단을 살펴보며 이 박사가 후보에게 물었다.

"첫째도 둘째도 믿음입니다. 경력은 그다음입니다. 후보가 잘 아는 신뢰할 수 있는 사람이어야 합니다. 그리고 앞으로 선거 끝날 때까지 매일 출퇴근할 수 있어야 합니다. 당장은 5명 정도면 좋겠네요. 사무장, 회계, 수행 그리고 일정 기획과 데이터 관리."

이기승 후보는 딱히 사람이 떠오르지 않았다. 그때 권아름 씨가 동생 권다운 씨를 추천했다. 이 박사는 권다운 씨의 이력을 듣더니 회계를 맡기자고 했다. 이기승 후보도 처제가 도와주면 좋겠지만 가능할지 모르겠다고 말했다.

"다운이는 내가 설득할 테니까 당신은 다른 사람을 찾아봐."

이기승 후보가 찾은 사람은 고등학교 동문인 박광민 선배였다. 처음 지역 위원회 활동을 시작할 때 만난 고등학교 동문 선배였다. 박광민 선배는 활동적인 사람이었다. 주말이면 조기 축구회부터 각종 등산회 등의 모임으로 바빴다. 그런 그와 결정적으로 가까워진 계기는 박광민 선배가 원치 않은 송사에 휘말렸기 때문이었다. 다행히 이기승 후보의 도움으로 그 송사는 잘 마무리되었다. 이기승 후보가 출마를 선언하자 박광민 선배는 누구보다 열정적으로 도와줬다. 이기승 후보가 박광민 선배를 찾아가 도움을 요청했다. 막상 선거 사무장 이야기가 나오자 박광민 선배는 망설였다. 자기가 사무장을 해도 되는지 모르겠다고 했다. 이기승 후보는 도움이 꼭 필요하다고 부탁했고 박광민 선배가 결국 수락했다. 이 박사는 박광민 선배에 대해 후보가 신뢰하는 사람이면 됐다고 했다.

이 박사는 박광민 씨와 권다운 씨를 만났다.

"선거에는 후보가 4명 있습니다. 후보, 배우자, 사무장,

회계 책임자 이렇게 4명은 선거 과정에서 누군가가 잘못을 하면 법적 판단을 받게 되고, 그 법적 판단에 따라 후보의 당선이 취소될 수 있기 때문입니다. 그만큼 이 4명의 법적인 책임이 큽니다."

둘 다 거기까지는 생각하지 않은 것 같았다. 이 박사는 우리의 선거는 전혀 위법하지 않을 것이니 걱정하지 않아도 된다고 했다. 그렇지만 사무장과 회계 책임자는 어떤 일을 결정해야 할 경우가 생기면 반드시 본인과 상의하라고 당부했다.

"권다운 씨는 경리 경험이 있다고 들었습니다."

"하지만 오래전에 직장을 그만둬서 잘 몰라요."

이 박사는 회계 경험이 있는 것은 큰 장점이라고 했다. 그리고 선거 회계와 일반 회사 회계는 좀 다른 점이 있으니 도움을 받을 사람을 소개해 주겠다고 했다. 중앙 선관위 출신 선거 회계 전문 행정사가 권다운 씨를 교육하기로 했다. 이 박사는 선거 회계 관련 교육이 끝나면 바로 예비 후보 등록 서류 준비를 시작하자고 했다. 권다운 씨는 썩

씩하게 알겠다고 했다.

　차량 운전과 수행은 최근 군대에서 전역한 후보의 조카가 하기로 했다. 군에서 운전병을 했고 체격이 듬직한 조카였다. 이 박사는 조카에게 후보 수행 방법을 직접 가르쳤다. 젊은 친구에게 의전을 설명해 주는 게 쉽지 않았지만 그래도 조금씩 나아졌다. 이 박사는 약속 시간에 늦더라도 반드시 안전 운전할 것과 교통 법규 준수를 당부하며 무슨 일이 생기면 바로 연락하라고 했다. 그리고 함구緘口, 입을 닫을 것을 지시했다. 누구에게도 후보 일정, 차 안의 통화 내용 등을 이야기해서는 안 된다고 했다. 후보와 관련된 어떠한 이야기도 수행을 통해 나와서는 안 되며 이 박사 본인이 물어도 이야기하지 말아야 한다고 했다.

　일정 기획과 데이터 관리를 할 담당자를 구하는 일은 최도일 의원이 도움을 주었다. 일정 기획은 현역 국회의원 지역 사무소에서 일한 경험이 있는 사람을 추천했다. 그리고 데이터 관리는 대학 휴학 중인 자신의 딸을 데려왔다. SNS 운영에도 재능이 있었다. 선거 준비팀의 틀이 점점 제대로 갖춰지고 있었다.

## 회계 책임자 선임은 신중하게

선거 조직을 구성하면서 선거 사무장과 회계 책임자의 선임은 신중해야 합니다. 선거 사무장과 회계 책임자는 선거에서 후보와 법적인 책임을 함께 지는 '한 몸'이기 때문입니다. 그러므로 법적인 책임과 선거에서 역할을 명확히 설명하고 감내하겠다는 사람을 선임해야 합니다. 특히 경험 있는 회계 책임자는 구하기도 어렵고 선거 회계는 선거에 대한 기초적인 이해가 필요합니다. 이러한 회계 책임자의 역할을 간과해서 선거 이후에 회계 책임자의 정치 자금법 위반으로 당선이 무효가 되는 경우가 종종 생기는 것이 현실입니다.

선거 회계의 수입은 후보의 차입금, 후원금, 펀드 등으로 구성되며 세세한 내용은 법규로 규정되어 있습니다. 선거 회계의 지출은 선거 비용과 선거 외 비용으로 구분할 수 있으며, 그 구분은 정확히 확인해야 합니다. 일반적으로 선거 비용은 선관위에서 공고하는 선거 비용 제한액의 90% 정도에서 선거 예산을 수립합니다. 선거 외 비용의 지출 한계는 정해져 있지 않습니다.

회계 책임자는 선관위에서 제공하는 정치 자금 회계 실무 책자를 참고하되 내용을 임의로 해석하지 말고 의문이 생기는 부분은 반드시 선관위에 질의하여 선관위의 지도대로 실행할 것을 권고합니다. 선거 회계는 일반적인 회계와 그리 다르지 않지만, 선관위에서 요구하는 자료와 증빙은 선거 시기마다 조금씩 달라지기도 합니다. 그래서 자료를 미리 챙겨 놓지 않아 선거가 끝난 후에 선거 회계 보고가 골칫거리가 되기도 합니다.

우리는 선거 회계에 경험이 있는 사람을 회계 책임자로 선임하라고 이야기합니다. 위기 상황이 발생하면 경험이 있는 사람만이 능동적으로 대처할 수 있기 때문입니다. 또한 선거 보전 비용 청구를 위해서도 기술적인 예산 집행이 필요합니다. 선거 보전 비용 청구액의 얼마만큼의 금액을 보전받을 수 있느냐 하는 것도 회계 책임자의 역량에 달려 있습니다. 역량 있는 회계 책임자를 선임하기 어렵다면 선거 회계 전문 행정사 등으로부터 전문적인 컨설팅을 받기를 권합니다.

# 게임의 규칙

이 박사 등장 이후 선거 준비팀은 체계가 갖추어지고 있었다. 매주 열리는 상황 점검 회의에 참석하는 사람들도 점점 바뀌어 갔다. 가끔 중국 무협 영화처럼 선거에 대해 일합一合을 겨루려 찾아오는 자칭 선거 전문가들도 있었지만, 실력을 보여 주지 못하는 경우가 대부분이었다. 종종 사무실이 북적대는 것으로 판세를 예측하는 사람들도 있지만, 이 박사는 일하는 선거 준비 사무소가 되기를 원했다. 선거 준비팀은 일정을 기획하고 데이터를 관리하는 등 선거 실무 중심의 그야말로 후보만을 위한 지원팀이었다.

이 박사 책상에는 선거와 관련된 업체 소개서와 견적서가 쌓여 갔다. 업체와 미팅은 길지 않았다. 누군가와의 관계를 팔려는 업체와 기획과 견적을 요구하는 이 박사와의 대화는 짧게 끝나기 마련이었다. 회의를 마친 후 이 박사의 요구 사항을 반영한 내용을 다시 보내는 업체가 있는가 하면 사라지는 업체도 있었다. 이 박사는 업체와 미팅 후 그 업체를 소개한 지역 사람과 별도로 면담했다. 처음에는 무조건 자신이 소개한 업체와 계약해야 한다고 주장했던 이들의 태도도 점차 바뀌어 갔다.

후보 주변에서 이러쿵저러쿵 조언하던 이들도 줄었다. 후보는 정해진 일정에 맞춰 사람들을 만나고 짬짬이 남는 시간에 당원과 지지자 그리고 이들이 지인 찾기로 연결해 준 사람들에게 전화를 걸었다. 매일 아침마다 새로 업데이트한 전화 명부가 후보에게 도착했다. 이것을 이 박사는 후보가 반드시 해야 하는 '가장 중요한 숙제'라고 했다. 전화 통화는 처음에는 익숙하지 않아서 어색했지만 시간이 지날수록 상대방의 냉담한 반응에도 웃으며 전화할 만큼 뻔

뻔하고 익숙해졌다. 그런 숙제는 아내인 권아름 씨에게도 별도 명부로 도착했다. 이 박사는 후보와 권아름 씨에게 두 사람이 지금 할 수 있는 최선의 선거 운동은 전화 통화라고 강조했다.

그사이 지역 언론에서 여론조사 결과가 몇 번 더 발표됐다. 여전히 뒤지는 상황이었다. 하지만 이 박사는 조급하게 생각할 필요가 없다고 했다. 확실히 달라진 것은 예전만큼 여론조사 하나로 주변에서 후보를 닦달하는 일들이 사라졌다는 것이다. 이기승 후보는 그것만으로도 만족해했다.


이 박사는 시간이 날 때마다 수성시 갑 지역구를 걸었다. 땅을 사려는 사람이 땅의 기운을 느끼려고 돌아다니는 것처럼 이 박사는 지역 구석구석을 산책하며 생각을 정리하는 습관이 있었다. 선거는 규칙이 있는 게임이라 그 규칙에서 기회를 찾아내는 것이 중요했다. 20여 년 전 처음으로 도입된 국민 참여 경선에서 승리한 최초의 후보를 만든 것도, 지금까지 선거에서 지지 않는다고 소문이 난 것도 게임의 규칙에 병적일 정도로 집착했기 때문에 가능했다. 오히려 많은 후보와 선거 캠프가 게임의 규칙을 제대로 모르는 것이 이상했다. 화투판에서 고스톱 룰을 모르면서 타짜라고 주장하는 꼴이었다.

천하당 경선 규칙은 지극히 평범했다.[8] 국민 여론조사 50%와 당원 투표 50%를 기본으로 정치 신인에게 가산점 10%를 부여했다. 여성과 장애인에 대한 가산점도 있다. 동일한 가산점이 부여되는 후보들의 경선이라면 당연히 가산점은 사라질 것이다. 어차피 국민 여론조사는 경쟁자만큼 인지도가 오른다면 큰 차이가 없을 것이다. 선관위로부터 가상 번호를 전달받아 진행되는 국민 여론조사는 역선택을 방지하는 설문 조항이 있다는 것 외에는 사실 일반적인 선거 여론조사와 큰 차이가 없었다. 이러한 규칙의 중요함은 세부적으로 따져야 하지만 이후에 살펴볼 일이었다.

---

[8] 경선 규칙 그리고 후보의 부적격 심사와 경선에서의 가산 기준과 감산 기준은 각 당에 따라 다르며, 선거를 앞두고 당규가 변경될 때마다 달라지고 있다.

가장 먼저 시급한 문제는 당원 투표였다. 뒤늦게 출발했기 때문에 당원 데이터가 부실했다. 게다가 지역 위원회의 협조를 받는 것은 불가능한 일이었다. 여기에서 승패가 갈릴 것인데 어떻게 데이터를 가져올 수 있을지 계산이 되지 않았다. 그래도 희망은 있었다. 정치 신인 가산점 10%는 희망이 되기에 충분한 숫자였다. 10% 가산 방식을 이 박사는 다시 확인했다.

컷오프라는 변수도 있었다. 지원자가 몇 명인지 상관없이 경선에서 제외될 수 있었다. 최선은 단독 후보가 되는 것인데 유일한 방법은 상대방 모두가 컷오프당해야 했다. 이 박사는 컷오프 조건을 다시 확인했다. 현 지역 위원장의 컷오프는 사실상 불가했다. 오히려 우리의 처지를 더 신경 써야 할 상황이었다.

사무소에 돌아온 이 박사는 지금까지 쌓인 데이터를 확인했다. 원자료 raw data, 선거 준비팀 확인 데이터, 후보 확인 데이터 등 3종 세트로 구분된 데이터 현황 파일에서 진척 상황을 확인했다. 선거 준비팀과 후보가 최선을 다하고 있는 것이 데이터로 확인됐다. 문제는 데이터를 걸러내는 담당자의 작업 속도였다. 담당자의 데이터 확인 속도를 높이기 위해 자원봉사자가 필요했다.

  이 박사는 한 달 정도 남은 신규 당원 가입 목표를 다시 조정했다. 지금까지 신규 당원 발굴에 성과를 보인 사람들과 따로 회의를 잡았다. 신규 당원 발굴을 위한 소스에서 빠진 부분이 있는지, 연결할 사람이 있는지 다시 확인했다. 시간이 지나면 하고 싶어도 할 수 없는 일이 신규 당원 가입이기 때문이었다.

## 후보 경선은 데이터 싸움

올림픽 금메달을 따는 것보다 국가 대표가 되는 것이 더 어렵다는 대한민국 양궁처럼 국회의원 선거도 경선 통과가 본선거보다 어려운 것이 현실입니다. 경선의 한 부분은 일반적으로 국민 참여 경선의 방식으로 진행됩니다. 실제로 경선 이후의 결과를 분석하면 국민 참여 경선 여론조사에서는 경선 후보 사이에 큰 차이가 발생하지 않습니다. 인지도가 아주 높은 유명인이 아니라면 유권자의 관심이 낮은 정당 경선에서는 큰 차이가 발생하기 쉽지 않습니다. 그렇다고 이 여론조사를 그냥 지나칠 수는 없습니다.

국민 참여 경선 여론조사 진행 방법은 중앙당이나 시도당이 선관위에 의뢰하여 이동통신사로부터 제공받은 전화번호, 즉 안심번호라 불리는 휴대전화 가상번호를 사용합니다. 전화번호는 해당 선거구의 유권자 구성비와 유권자 수를 감안하여 공직 선거 관리 규칙에서 정한 지역, 연령, 성별 할당 분위에 따라 제공됩니다. 여론조사 응답 샘플 수와 발신횟수 등은 별도의 당규나 정당 선관위에 의해 정해집니다. 이런 방식의 여론조사는 모든 유권자를 대상으로 하지 않으므로 후보의 지지자가 명단에 있는지 없는지 확인할 수 없습니다. 선거 캠프가 할 수 있는 일은 지지자들이 여론조사 전화를 놓치지 않도록 독려하는 홍보밖에 없습니다. 휴대전화 가상번호 명단에 당원 투표에 참여하는 당원이 포함되지 않도록 하는 기술적인 문제 등은 이 책에서는 다루지 않겠습니다.

반면 투표 자격을 갖춘 당원이 참여하는 당원 투표는 특정한 소수의 확인될 수 있는 데이터를 사용합니다. 경선 후보가 되면 당원 데이터가 중앙당으로부터 제공되기도 하나 시기적으로 촉박하므로 미리미리 준비하고 정리해 두어야 합니다. 후보 경선은 당원 투표에서 판가름이 나는 경우가 대부분입니다. 우리는 통제가 가능한 당원 투표에 집중할 것을 주장합니다. 선거는 할 수 있는 일을 잘하는 것이 출발입니다. 당원 투표에 제대로 대응하려면 당원 데이터 확보가 필수적이며 실제 경선 선거 운동 현장에서는 이 당원 데이터 확보를 둘러싸고 많은 분쟁이 발생하기도 합니다.

# 이유 있는 선택

　사무실에서 진행하는 여론조사에서 이기승 후보의 인지도는 점차 오르고 있었다. 꼴찌였던 결과에서 오차 범위 내로 들어온 결과는 이 박사가 예상했던 그대로였다. 후보는 인지도가 오를 만한 요인이 없었는데도 오르는 이유가 궁금했다. 정말 여론조사를 하면 인지도는 오르는 것일까?

　이 박사가 오고 나서 여론조사 회사 몇 군데와 미팅이 있었다. 여론조사 회사들은 모두 인지도를 높이기 위해 여론조사를 해야 한다고 했다. 주장이나 방식이 크게 다르지 않았다. 다른 점이라면 여론조사 비용의 차이뿐이었다. 그래서 선거 준비팀에서는 이 박사가 가장 낮은 가격을 제안한 업체를 선택할 줄 알았다. 하지만 아니었다. 이 박사는 이번에 우리가 선정한 여론조사 회사를 제외한 나머지 업체의 여론조사는 인지도 상승 효과가 미미할 것이라고 했다. 이 박사가 후보에게 설명했다.

"우리가 선택하지 않은 여론조사 회사는 인지도를 올리기 위한 설계가 없어요. 여론조사를 하면 인지도가 오르는 것이 아니라, 인지도가 오르는 여론조사를 해야 합니다."

이 박사는 여론조사를 왜 하는지가 중요하다고 했다. 때로는 객관적 상황을 확인하기 위해 해야 하기도 하지만, 인지도를 올리기 위해서 하는 경우도 있다고 했다. 중요한 것은 목적인데 이런 이유로 인지도가 오를 것이라는 최소한의 가설도 없이 경험치만 제시하는 회사는 신뢰할 수 없다고 했다. 이 박사가 선택한 여론조사 회사의 가설에 따르면 가격이 높아질 수밖에 없는 구조였다. 그리고 정기적인 여론조사가 시작됐다. 주변에서 여론조사 전화를 받았다는 반응이 많아졌고 어느 순간 인지도가 올라 있었다.

SNS도 마찬가지였다. 이 박사는 후보 이름으로 운영되는 기존의 SNS 운영을 중단시켰다. 사람들은 후보가 직접 글을 작성하는지 그렇지 않은지 알기 때문에 도움이 되지 않는다고 했다. 이 박사는 SNS를 운영하는 자원봉사자들에게 왜 SNS를 하는지 분명히 하기를 요구했다. 유튜브가 대세인지 인스타그램이 대세인지는 중요하지 않다고 했다. 목적과 행위와 결과의 가설을 가져오기를 요구했다.

"거짓말을 하지 않아야 합니다. 후보인 척하는 것은 효과가 없어요. 효과가 없으면 하지 않는다는 것이 우리의 원칙입니다. 뻔한 카드뉴스 퍼 나르지 마세요. 반감만 줄 뿐입니다."

이 박사는 후보와 아내인 권아름 씨 본인의 기존 계정을 활성화할 방법을 찾았다. 이 박사는 아내인 권아름 씨에게 적극적인 SNS 활동을 요청했다. 핵심은 관계 맺기였다.

"내 편이라고 생각해서 편하게 말하면 안 됩니다. 기록이 반드시 남는다는 것을 기억하세요."

　유명 유튜브 채널에 출연 요청을 받고 이 박사는 세심하게 준비했다. 사전 질문지를 바탕으로 방송 연습이 시작됐다. 이 박사가 후보의 답변을 조정했다. 심지어 즉흥적인 예상 질문의 목록도 만들고 연습했다. 생방송으로 진행된 유튜브 중계에서는 놀랍게도 즉흥적인 질문마저도 예상 그대로 진행됐다. 유튜브 방송 이후 이기승 후보의 SNS 계정이 살아나기 시작했다. 사무실을 방문하는 사람들도 늘었다. 이 박사는 소셜 공간에서 열심히 활동하는 이들이 미디어가 될 것이라고 했다. 이때부터 SNS 지지자들이 생겨나기 시작했고 자원봉사를 하겠다고 인근 지역구의 지지자들이 찾아오기 시작했다.

　후보의 일정도 달라졌다. 핵심은 젊은 신도시 특성을 반영한 특정 계층을 대상으로 하는 일정이었다. 어린이집, 유치원, 초등학교 학부모들에게 노출되는 일정을 기획했다. 선거법에 저촉되지 않으면서 후보와 연대감을 가질 수 있는 형식을 고민했다. 아이들의 건강과 교육에 대해 터놓고 이야기를 하는 학교 앞 거리 인터뷰를 진행했다. 후보가 직접 인터뷰를 진행하는 프로그램은 나름 성공적이었다.

아내인 권아름 씨 일정도 조정됐다. 권아름 씨가 운영하는 약국은 제2의 선거 준비 사무소가 되어가고 있었다. 행복약국은 지역에 거주하는 어르신을 발굴하는 광산이었다. 권아름 씨 역할이 점점 커지고 있었다.

## 선거와 SNS

선거에서 SNS 영향력은 얼마나 될까요? 우리의 일상에서 온라인 영역 비중이 커진 것처럼 정치의 영역에서도 SNS 영향력이 커졌습니다. 선거에서도 마찬가지입니다. 선거 캠프에서 SNS 운영은 필수적인 일이 되었습니다. 하지만 SNS를 하나의 미디어로 본다면 미디어의 영향력이 커진 것과 내가 운영하는 미디어가 영향력이 있는 것은 구분해야 합니다. 우리는 사람이 없는 미디어에 너무 많은 에너지를 쓰지 말라고 권합니다. 따라서 SNS를 운영하는 목표와 시나리오를 명확하게 해야 합니다. 각각의 SNS 채널에 누가 오고, 어떤 생각을 가지게 할 것인지가 명확할수록 일이 분명해집니다.

미디어 관점에서 SNS를 바라본다면 유튜브 채널을 활용하는 것을 적극적으로 고려할 수 있습니다. 특히 보수와 진보로 극명하게 나뉜 유튜브 채널은 특정 진영 구독자들이 밀집해 있으며 바이럴마케팅 효과가 매우 높습니다. 실제로 우리는 후보가 정치 지향에 어울리는 특정 유튜브 채널에 출연함으로써 후보의 인지도가 오르고, 자원봉사자가 모이는 것은 물론 후원금 고민까지 한 번에 해결한 경험이 있습니다. 다만, 양극단에 치우치는 유튜브 채널의 특성은 구독자를 만족시키기 위해 자극적인 말을 쏟아낼 가능성이 매우 큽니다. 문제는 이런 발언들이 사라지지 않고 그 채널에 남아 있다는 것입니다. 따라서 특정 정치 채널의 힘을 빌리기로 결정했다면 후보의 발언 수위 등을 미리 전략적으로 결정해야 할 것입니다. 우호적 분위기에 취해서 사고를 치는 후보 또한 흔한 것이 현실이기 때문입니다.

# 읽으면 힘이 되는 「선거사무안내」 책자

"오늘 오후에는 아무것도 하지 말고 워크숍을 합시다."

이 박사가 선거 준비팀 팀원들과 자원봉사자들에게 말했다. 후보자 일정 등 오늘 업무에 문제가 없는지 확인하고 출발하기로 했다. 사람들은 갑자기 웬 워크숍이냐는 얼굴이었다. 이 박사는 박광민 사무장에게 지금 조용하게 회의할 수 있는 곳을 알아봐 달라고 했다. 워크숍이라 해야 10명이 채 되지 않는 인원이었다. 점심을 먹고 수성시 시내에 있는 비즈니스 호텔 회의실에서 워크숍이 시작됐다.

이 박사가 이전에 나눠줬던 공직선거법과 「선거사무안

내」 책자를 꺼냈다. 그리고 읽은 사람이 있는지 확인했다. 이 박사 예상대로 아무도 없었다. 이 박사는 여러분이 시간이 없어서 읽지 못하는 것 같아 오늘 자리를 준비했다고 말했다. 그리고 출력해온 21대 국회의원 「선거사무안내」 책자를 나눠줬다.

"앞으로도 시간이 없을 것 같으니 지금 함께 읽는 것이 좋겠습니다. 지난 국회의원 선거의 「선거사무안내」 책자지만 크게 달라지는 것은 없을 겁니다. 권다운 씨부터 읽어주시죠. 목차부터 읽습니다."

권다운 씨가 목차를 다 읽고 난 후 이 박사가 사람들에게 말했다.

"여기 200쪽이 넘는 내용 중 후보자 등록 신청과 제3편 정치 자금은 권다운 씨와 사무장님만 읽으면 됩니다. 오늘은 제2편 선거 운동 및 선거 관련 정당 활동의 제한 부분만 돌아가면서 읽도록 하겠습니다. 50쪽 정도니 오후면 충분할 것 같네요. 사무장님께서 선거 운동의 정의부터 읽어주세요."

박 사무장이 선거 운동의 정의를 읽었다. 여기에 대해 이 박사가 설명을 덧붙였다. 사람들이 나눠서 읽어 가면 이 박사가 설명하고 질문을 받는 방식이었다. 처음에는 어색해하던 사람들도 이 박사에게 궁금한 점을 질문하기 시작했다. 「선거사무안내」 책자에서 애매하게 설명된 부분에 대해서는 서로의 해석이 맞다고 주장하기도 했다. 선거가 진짜 재미있다는 반응이었다.

「선거사무안내」 책자 강독이 끝난 후 이 박사가 퀴즈 시간을 준비했다. 적법한 선거 운동과 위법한 선거 운동 사례를 하나씩 뽑아서 답을 맞히면 경품을 나눠줬다. 다들 신이 나 게임에 참여했다. 예정된 회의 시간이 끝나갈 때쯤 이 박사가 적법한 선거 운동의 중요성을 다시 강조했다. 선거에서 규칙을 알면 상대 후보의 위법한 행위를 잡을 수도 있고, 우리의 어처구니없는 실수를 방지할 수 있다고 했다. 그러면서 단체 퀴즈를 냈다. 이 문제를 맞히면 소고기 회식이라는 말에 사람들이 환호했다. 이 박사가 굉장히 애매한 사례를 하나 들고서 적법 여부를 물었다. 사람들의 의견이 갈렸다. 잠시 소란스러운 대화가 이어지고 박광민 사무장이 위법이라고 대표로 답했다. 사람들이 이 박사를 쳐다봤다.

"정답은 '선관위에 질의한다'입니다. 선거와 관련해서 애매한 부분이 있으면 자의적으로 해석하면 안 됩니다. 따라서 위법하다는 대답은 틀렸습니다. 하지만 아쉬우니까 한 번 더 기회를 드리겠습니다. 선관위에 질의는 어떻게 해야 하나요?"

권다운 씨가 손을 들었다. 선관위에 질의는 서면으로 공식 질의한다는 권다운 씨 답에 이 박사가 맞다고 했다. 그리고 서면 질의에 대한 응답은 사무실 안에서 반드시 공유해야 한다고 다시 강조했다. 약속한 소고기 회식을 하러 가자고 했다. 사람들이 오랜만에 하는 회식에 들떴다. 이 박사는 오늘 회식이 매우 길어질 것을 예감했다.

## 선거 관리 위원회는 심판입니다

선거법을 지켜야 한다는 것은 선거 운동에 참여하는 모든 사람에게 해당하는 상식입니다. 물론 선거법은 어느 정도 무시해도 좋다는 일부 어설픈 선거 브로커들이 아직도 있는 것이 현실이기는 합니다. 선거법을 지키기 위해서는 선거법을 알아야 합니다. 선관위는 친절하게 선거 때마다 개정된 공직 선거법을 반영한 「선거사무안내」 책자를 배포하고 있습니다. 선거 회계와 관련된 안내 책자도 배포하고 있습니다. 그리고 선거 사무와 선거 회계를 설명해 주는 후보자 입후보 안내 설명회를 개최합니다. 그런데 사람들은 선관위 설명회에 참석하고 「선거사무안내」 책자를 읽는 데 인색합니다.

사소한 위반으로 선관위에서 주의, 경고를 받는 것은 선거 운동의 융통성이라고 이야기하는 사람들이 있습니다. 당락에 영향을 주지 않기 때문에 상관없다고 합니다. 하지만 주의, 경고를 받는 정도의 선거 운동 위반 행위는 사실 득표에 도움이 되지 않는 것이 대부분입니다. 위반 행위에 대응해야 하는 선거 캠프의 사무만 늘어날 뿐입니다. 대부분의 사소한 실수는 명함 배포, 접대용 다과 비용, 사무원의 식대 등의 처우, 후보나 선거 운동원의 말실수 등입니다. 하지만 실수의 예측이 가능하고 예방할 수 있으므로 미리미리 대처하는 것이 옳습니다.

선거 사무소가 설치되면 지역 선관위의 공무원이나 공정 선거 지원단이 선거 사무소를 방문해 위반 사항을 점검하기도 합니다. 적발이 주된 목적이 아니므로 위반 사항이 발견되면 시정을 권고합니다. 이러한 선관위의 활동을 불편해야 할 필요는 없습니다. 오히려 선거 캠프는 사소한 것까지 질문하고 이들의 활동을 격려하는 자세가 좋습니다. 역설적으로 선거 캠프가 너무 친절하면 부담이 생겨 잘 방문하지 않는 일도 있습니다. 선관위라는 심판을 통해 선거에서 유리한 위치에 오를 수 있다면 더 좋은 일입니다.

선거 운동 과정에서 선거법 위반에 관련된 위기 상황이 발생할 수 있습니다. 이때 선거 캠프와 지역 선관위의 원만한 관계가 해결책이 될 수도 있습니다. 단순한 실무상의 실수였다면 선관위에 솔직하게 사실을 설명하고 과실을 인정하고 시급히 실수를 바로잡아야 합니다. 선관위도 함께 해결 방법을 고민해 줄 것입니다. 선관위는 무서운 곳이 아닙니다. 죄지은 사람은 경찰을 무서워합니다. 선관위도 마찬가지입니다. 선거를 지도하고 관리하는 선관위와 협력하는 관계를 유지하는 것도 선거 운동의 묘미일 것입니다.

## 준비된 선거

 선거는 미리 준비되어야 한다는 이 박사의 주장대로 선거 준비팀은 움직였다. 예비 후보 등록에서부터 본선거까지 필요한 일들의 분배와 집행이 이뤄졌다.
 "이렇게 작성하라고 어디에 쓰여 있나요?"
 예비 후보 등록 서류를 살펴보던 이 박사가 권다운 씨에게 물었다. 일반적으로 그렇게 해석하지 않느냐는 권다운 씨 말에 이 박사가 한마디했다.
 "수성시 선관위에 확인하세요! 임의로 해석하지 마세요. 그러면 일을 두 번 해야 해요. 지난 워크숍에서 정답을 말해놓고 일은 왜 이렇게 해요? 다 아는 것 같아도 미리미리 확인하세요. 그동안 선관위에 몇 번이나 물어봤어요?"

"서류가 다 되면 한꺼번에 검토받으려고 했는데요."

이 박사는 사람들이 선관위에 물어보는 것에 야박한 것이 불만이었다. 선관위 담당자를 확인하고 계속 물어보라고 하면 알겠다고 대답은 하면서도 뒤로 미뤘다. 권다운 씨도 선관위 공무원을 만나는 일에 부담을 느끼는 것 같았다. 이 박사가 사람들 보는 앞에서 선관위 담당자와 통화하고 사실을 확인했다. 이 박사는 이번 선거에 참여하기로 한 후 가장 먼저 한 일 중 하나가 지역 선거 관리 위원회 지도계장을 선관위로 찾아가 만난 것이었다. 선거라는 게임에서 심판의 역할은 매우 중요하기 때문이었다. 선거를 사고 없이 치르는 것에 후보나 지역 선관위나 이해가 일치한다고 봐야 했다. 선관위를 파트너로 삼는 선거는 이 박사의 또 다른 원칙이었다.

선거 사무소 계약, 선거 사무소 외벽 현수막, 명함 같은 예비 후보 준비 사항과 더불어 유세 차량, 선거 벽보, 선거 공보 등과 같은 본선거 준비도 속도를 내기 시작했다. 유세차는 차종을 결정하면 가격과 신뢰할 수 있는 업체인지 판단하는 것이 중요했다. 이 박사는 유세차 업체의 제안서를 보며 음향 시스템 등 세부 사항을 꼼꼼하게 따졌다. 유세차는 후보가 되면 계약한다는 조건으로 세부적인 조율을 마쳤다.

선거 홍보물 준비 작업도 빠른 속도로 진행됐다. 처음 디자인 총괄을 맡은 선거 기획사의 시안을 몇 번 받아본 뒤 이 박사는 계약을 취소했다. 이 박사의 수정 요구를 제대로 반영하지 못한 탓이었다. 이 박사는 선거 디자인 경험이 없는 디자인 회사를 선택했다. 어차피 본선거에 가면 당에서 만든 선거 벽보, 선거 공보, 명함, 현수막 디자인 템플릿을 활용할 수도 있다. 중요한 것은 예비 후보 선거 운동 기간 동안 임팩트 있는 디자인과 문안 작성 역량이 필요했다. 선거 캠프와 호흡하며 기획력을 발휘할 수 있고 선거라는 틀에 갇히지 않는 창의성이 중요하다고 봤다.

디자인 회사가 가져온 예비 후보 명함 시안에 대해 사무국에서 호불호가 갈렸다. 전면에 이름만 크게 들어간 시안은 기존의 선거에서 보기 어려운 디자인이었다. 후보 얼굴이 들어가야 하지 않느냐고 주변에서 수군댔다. 하지만 이 박사는 만족했다. 이름을 알리라는 목표에 충실한 명함이었기 때문이다. 이 박사는 명함 뒷면의 슬로건을 지역, 대상에 따라 크게 5종으로 구분해서 제작할 것을 요구했다. 종이도 고급지를 사용하라고 했다. 우리 후보의 명함은 길에서 막 뿌리는 명함 취급을 받아서는 안 된다고 했다. 예비 후보 건물 외벽 현수막도 큰 수정 없이 진행됐다. 이 박사는 '예비 후보' 표시에 대한 조정만 요청했다. 어차피 외벽 현수막을 본선거에서도 사용해야 했기 때문이다. 이런 데 돈을 낭비할 필요는 없다고 했다.

예비 후보 기간 사용할 선거 슬로건 역시 지역의 특성을 고려했다. 수성시의 인구 구성은 최근 몇년간 변화하고 있었다. 젊은 인구가 급격하게 늘어나는 수도권 남부 지역의 특성을 수성시도 가져가고 있었다. 선거 슬로건이 경선에

미치는 영향은 미미할 것이다. 하지만 슬로건이 전체 홍보물 콘셉트를 좌우할 것이었다. 이 박사는 선거 기획 전문가에게 수성시의 선거 환경과 전하려는 메시지의 핵심을 설명했다. 이를 바탕으로 선거 기획 전문가는 이기승 후보의 슬로건을 구상했다. 몇개의 슬로건이 전달되었고 이 박사는 이기승 후보와 둘이서 메인 슬로건을 결정했다. 슬로건의 가치와 활용을 모르는 사람들이 모여 품평하고 투표하는 방식에 대해 이 박사는 회의적이기 때문이었다. 메인 슬로건은 최대한 전문가의 의견을 존중하는 방향에서 결정했다.

후보의 사진 촬영도 전문가가 추천하는 선거 콘셉트에 맞는 의상을 입고 진행했다. 후보는 처음에는 어색해했지만 촬영 시간이 흐르면 흐를수록 점차 촬영에 적응했다. 이 박사는 역동적인 이미지, 밝은 이미지를 요청했다. 이기승 후보가 상대적으로 젊은 나이지만 그래도 50대 초반의 나이였다. 최대한 젊은 이미지를 선택했다. 선택한 사진은 예비 후보 선거 사무소 외벽 현수막과 공보물, 명함의 표지 사진으로 제작될 것이다.

  출판 기념회 준비도 시작됐다. 후보의 자전적 에세이를 제안하는 출판사의 의견은 거절했다. 후보에 대한 궁금증 해소보다는 전문성이 강조되는 책 기획을 요구했다. 시간이 부족하다는 상황도 고려해야 했다. 그동안 이기승 후보가 거리 인터뷰한 사람들의 이야기를 모아서 책을 출판하기로 했다. 후보의 부담을 덜기 위해 다시 후보의 생각을 인터뷰하면서 책 원고를 작성하기 시작했다. 출판에 동의해 준 거리 인터뷰 지역 주민을 초대한 출판 기념회 준비에 들어갔다.

## 민주적인 선거 캠프가 답일까요?

 선거 캠프를 구성할 때 가장 먼저 고려해야 할 사항은 의사 결정의 신속함입니다. 사공이 많으면 배가 산으로 간다는 이야기가 있습니다. 선거 콘셉트를 잡거나 슬로건을 결정하고, 공보물 디자인을 확정할 때면 선거 캠프에 이렇고 저렇고 평가하는 사람들이 많아집니다. 물론 이들은 전문가가 아닙니다. 전문가가 제안한 내용을 아마추어가 평가하는 형국이 되어 버립니다. 또 다른 경우는 아마추어가 모여 투표하듯이 결정하기도 합니다. 이런 경우 선거의 전략적 판단은 사라집니다. 우리는 이미 선거 캠프의 의사 결정 권한을 후보가 아닌 선거를 총괄하는 한 사람에게 집중하는 것이 옳다고 말했습니다.

 후보는 꼭 필요한 최소한의 의사 결정 과정에만 참여해야 합니다. 이외의 모든 일은 신뢰할 수 있는 한 사람에 맡겨야 합니다. 이것은 업무의 효율성뿐만 아니라 선거를 통해 이익을 취하려는 사람들과 후보를 분리하는 데 유리합니다. 그러므로 선거를 총괄하는 한 사람에게 후보의 권한을 포함한 모든 결정 권한을 일임한다고 후보가 공식적으로 밝히는 것이 좋습니다. 선거에서 후보가 해야 할 역할은 정확히 정해져 있고, 그 과정은 매우 힘들고 어렵습니다. 후보는 후보만이 할 수 있는 선거 운동에 집중해야 합니다.

# 여전히 부족하다

선거 준비는 어느덧 여름과 가을을 지나 겨울이었다. 그동안 신규 당원 가입을 위해 일명 이산가족 상봉 캠페인을 전개했고 그 결과는 효과적이었다. 처음 시작하는 후보라면 해내지 못할 숫자가 신규 당원으로 가입했다. 여전히 경선에서 승리하기에는 많이 부족했지만 절대적 열세 상황을 벗어났다는 것만으로도 다행이었다. 지역 언론은 현재 상황을 박빙으로 보고 있었다. 점차 유력 후보로 언급되는 경우가 늘어났다. 지역의 30대, 40대 젊은 여성을 중심으로 후보에 대한 관심이 높아지고 있었다. 물론 선거에 관심을 가진 사람은 극소수였다.

외형상으로는 아무런 문제도 없었다. 자원봉사자는 다른 어디보다 많았다. 며칠 있으면 예비 후보 등록을 하고 후보라는 이름으로 선거가 시작될 것이다.

"이 박사는 어떻게 봐?"

가끔 밤에 찾아와서 소주를 나누는 최도일 의원이 물었다.

"저는 지는 선거는 안 한다니까요."

이 박사가 가볍게 받았다. 하지만 이 박사가 보는 상황이 좋은 것만은 아니었다. 이제 신규 입당은 시기도 지났고 의미가 없다. 지역 밖에서 도와주러 온 자원봉사자가 더 많다는 사실은 지역 동원력이 떨어진다는 반증일 수 있었다. 젊다는 평가는 약하다는 평가로 이어지고 있었다. 경선에서 핵심인 당원의 장악은 여전히 완벽하지 않다.

"이제 선배님이 나서야 할 것 같아요. 어차피 선배님이 도와주는 것은 모두 알고 있어요. 조금 더 노골적으로 도와주세요."

이 박사와 최도일 의원의 술자리는 길어졌다. 지역 위원장의 영향력은 여전히 무시할 수 없었다. 최도일 의원이 외형상 중립적인 모습을 보일 수밖에 없는 사정을 이 박사도 이해했다. 천하당 수성시 갑 지역 위원장이라는 경력은 여론조사에서도 위력적이었다. 관심 없는 사람들은 당에 대한 지지를 지역 위원장에 대한 지지로 표시했다. 다행인 것은 관심 없는 사람들이 경선 여론조사에 응답할 확률은 떨어진다는 점이었다. 하지만 이와는 별개로 당원의 문제를 해결하는 데 최도일 의원의 도움이 절실했다. 지역의 기초의원, 광역의원들을 따로 만날 자리를 마련해 달라고 요청했다.

"이 박사도 잘 알겠지만 그런 만남은 위험할 수 있어. 그들이나 우리나."

"네, 그래도 승리의 축포를 준비해야죠. 그런데 지역 위원장은 지역 위원회를 얼마나 장악했나요?"

"그야말로 물갈이 중이지. 현직이 아니면 지역 위원장이 원래 있었던 을 지역에서 온 것들한테 밀리는 분위기야. 사무국장도 자기 사람으로 바꾸었고. 그나마 도의원이나 시의원 같은 현역은 현역이라고 대접하는 거지, 뭐."

"이럴 때 변화의 중심에 서야 해요. 사람들의 기대를 모른 척하지 마세요. 그냥 밀리면 너무 어이없잖아요. 저도 생각을 좀 해 볼게요."

이 박사는 길을 본 것 같았다. 아마 내일도 수성시 길거리를 온종일 계속 걸을 것 같다.

## 진성 데이터 전쟁

지역 위원회의 협조를 얻을 수 없는 정치 신인의 경우 공조직 데이터, 즉 당원 데이터를 구하는 데 어려움을 겪습니다. 그런데 누가 당원 데이터를 가지고 있을까요? 바로 직전에 선거를 치른 광역의원, 기초의원 그리고 지방 선거 출마자입니다. 이들은 기존의 당원 데이터와 자신들이 직접 모집한 데이터까지 모두 가지고 있습니다. 이런 데이터는 이들의 의정 활동과 지역 위원회 활동의 기반이 되며 정치적 자산입니다. 경선 후보로 등록하고 당에서 제공 받는 당원 데이터와 사적 관계가 기록된 이런 데이터의 가치는 다릅니다.

우리는 후보자와 유권자 사이의 연결점이 되는 사람을 '커넥터'라고 부릅니다. 선거에서 커넥터는 다양할 수 있습니다. 비록 정치인 그룹이 아니더라도 주변의 사람을 가져오는 커넥터도 있습니다. 후보의 선거 캠프에 커넥터가 많이 참여한다면 더할 나위 없이 좋은 일입니다. 하지만 데이터 형태로 가지고 있는 사람들은 앞서 말한 지방의회 의원 또는 출마자입니다. 문제는 이들에게 데이터를 건네받고 선거에 참여하게 만들기는 매우 어렵습니다. 당의 공식 후보로 결정되기 전까지 이들은 유력한 후보마다 찔끔찔끔 데이터를 흘리며 간을 봅니다. 건네진 데이터의 신뢰도가 떨어지는 경우도 많습니다. 이 데이터가 후보를 지지한다고 판단하기도 어렵습니다. 아직 후보와 데이터로 존재하는 당원 또는 유권자 사이에 유대 관계가 없기 때문입니다. 이러한 데이터를 온전히 후보의 데이터로 만들기 위해서는 공식 후보가 되면 됩니다. 지역 위원회의 권력자가 되면 됩니다. 하지만 아직 도착하지 못한 먼 길입니다.

# 지쳐 버린 예비 후보

　12월 2일 예비 후보 등록이 시작되자 바로 이기승 후보는 예비 후보 등록을 마쳤다. 천하당 예비 후보에 등록한 사람은 4명이었다. 예비 후보 등록과 동시에 그날 저녁부터 퇴근 인사를 시작했다. 내일은 아침부터 출근 인사도 시작될 것이다. 이제 예비 후보 등록으로 공식적으로 후보임을 표시할 수 있게 됐다. 이 박사는 출근과 퇴근 거리에서 가장 노출이 많은 한 곳을 정해서 그곳에서만 피켓[9]을 들고 매일 후보 혼자서 출퇴근 인사를 하도록 했다. 동에 번쩍 서에 번쩍 나타나는 출퇴근 인사는 효과적이지 않다고 했다. '수성농협 사거리에서 출퇴근 인사하는 후보는 항상 이기승'이라는 이미지를 만들어야 한다고 했다. 무관심 속에 관심이 이미지로 연상되게 하도록 하자고 했다. 어차피 자동차로 지나치는 거리에서 후보의 얼굴을 알아보는 것은 어렵다. 피켓을 통해 후보의 이름이 돋보이도록 디자인했고, 같은 복장의 선거 유니폼을 일관되게 착용하기를 요구했다. 명함을 배부할 수 있는 선거 사무원은 사거리 횡단보도를 뛰어다니며 예비후보의 명함을 배부했다.

"안녕하세요. 이기승 후보입니다. 잘 부탁드립니다."

인사를 하며 건네는 명함은 버려지기 일쑤였다. 눈앞에서 버리지는 않아도 주변 휴지통에는 이기승 후보 명함이 버려져 있었다. 아무리 예상했어도 맥빠지는 일이었다. 이기승 후보는 어떻게 하면 사람들 반응이 나아질 수 있을까

---

9 후보나 선거 사무원이 사용하는 것으로 공직선거법에서 사용하는 용어는 '표지물'이지만 일반적으로 '피켓'이라고 한다. 예비 후보의 경우 공직선거법에 선거 운동을 위하여 어깨띠 또는 예비 후보임을 나타내는 표지물을 '착용하는 행위'로 규정되어 손으로 들고만 있으면 위법이 된다. 그래서 끈 등을 이용해 목걸이를 만들어 목에 거는 시늉만 하는 착용 행위가 되고 있다. 반면 본선거의 후보가 되면 규정이 달라져 표지물을 '붙이거나 입거나 지니는' 선거 운동을 할 수 있다. 따라서 표지물의 목걸이가 필요 없다.

고민했다. 후보의 말을 들은 이 박사는 원래 그렇다고 했다. 후보에 대해 관심이 없는 것이 당연하다고 했다. 이 박사는 뻔한 인사말이라도 다르게 해 보라고 충고했다. 후보는 시민들에게 말을 걸었다. 지금 출근하느냐 물으면서 인사를 하고 오늘 날씨가 쌀쌀하니 건강 조심하시라며 인사를 하는 등 변화를 줬다. 그래도 큰 차이는 없었다. 이기승 후보는 자신을 피해 가는 시민들을 보며 답답해했다. 답답해하는 후보를 보며 이 박사는 점점 후보가 되어 가고 있군요라며 미소를 지었다.

지역 일정도 계속됐다. 중간중간 짬을 내어 전화도 계속했다. 사무국에서는 매일 저녁 후보가 확인한 전화 통화 결과지를 업데이트했다. 지역 행사장에서 간혹 시비를 거는 사람들도 있었다. 저녁 인사 중에 술 취한 시민에게 막말을 듣기도 했다. 예비 후보로 등록하면 후보로서 유권자를 만난다고 생각했는데 더 피곤한 일정의 연속이었다. 이기승 후보는 지쳐 갔다.

이기승 후보가 아내가 운영하는 행복약국에 갔다. 마침 주변에서 인사하는 일정을 마친 후 들른 길이었다. 약국에 온 시민들에게 인사를 했다. 아내가 이기승 후보를 소개했다.

"제 남편이에요. 이번에 출마하려고요. 어머니, 우리 남편 이름 꼭 기억해 주세요."

"신랑이 잘 생겼네. 열심히 하소. 명함 한 장 줘 봐. 좋은 대학 나왔네."

"잘 생겼어요? 그래도 제가 좀 아깝죠? 어머니 소문 좀 많이 내 주세요."

"그래. 길 건너 아파트 우리 경로당에도 한 번 오소. 행복약국 남편이라면 경로당 친구 노인네들도 좋아할 거야."

"역시 우리 어머니가 화끈하시네. 당신도 추운데 고생이지? 쌍화탕 하나 마시고 가."

길에서 받은 무관심과는 차원이 다른 반응이었다. 관심은 그냥 생겨나는 것이 아니었다. 할머니와 이기승 후보 사이에 아내 권아름 씨가 들어옴으로써 관계가 생겼다. 할머니도 거리에서 만났다면 명함을 버리고 갔을지도 모른다.

이기승 후보에 대해 아무런 정보도 없어도 행복약국 약사 권아름 씨의 존재가 호감을 만들었다. 이것이 이 박사가 말하는 커넥터라는 것을 실감했다.

이기승 후보는 자신을 위해 열심히 뛰고 있는 사람들을 생각했다. 그 사람들이 자신과 유권자 사이의 커넥터가 되어 준 덕분에 그래도 이만큼 왔구나 싶었다. 가슴이 찡했다. 아내가 열심히 하는 모습을 보니 안쓰러웠다. 살짝 짜증이 올라왔던 자신을 반성했다. 다들 고생하는 이유가 자신 때문임을 알고 감사해야 할 일이었다. 이기승 후보는 할머니의 연락처를 받아 약국을 나왔다. 권아름 씨도 이기승 후보의 아내에서 후보의 배우자[10]로 변화하고 있었다.

---

[10] 공직선거법에서는 후보의 남편이나 아내를 '배우자'로 표기하고 있다. 자연인이었던 사람이 공적인 후보가 되어가는 것처럼 후보의 남편이나 아내도 선거에서 공적인 배우자로 되어간다는 의미에서 이후에는 '배우자'라는 단어를 사용했다.

## 예비 후보가 절망하는 거리 인사

우리가 만난 후보 대부분은 놀랍게도 자신의 당선을 확신합니다. 후보는 경쟁 후보와 자신을 비교하며 유권자가 자신을 알면 지지할 수밖에 없다고 합니다. 이런 후보의 당선 시나리오에 빠진 것이 있습니다. 그것은 유권자 대부분이 후보에게 관심이 없다는 것입니다. 따라서 후보 본인을 알면 지지한다는 당선 시나리오는 무너지고 맙니다.

유권자의 무관심을 확인하는 계기가 바로 거리 인사입니다. 공손히 인사하며 명함을 꺼내도 받지 않는 사람이 많고, 받아도 버리는 사람이 대부분입니다. 따라서 선거는 어떤 정보를 제공하느냐보다 어떻게 관심을 끌어내느냐가 먼저입니다. 그런 이유에서 목표를 컷오프, 경선, 본선거의 3단계로 구분하고 유권자 관심을 끌 수 있는 선거 전략을 수립해야 합니다. 승리에 필요한 유권자의 분포가 다르기 때문입니다.

선거일 전 120일에 해당하는 날부터 예비 후보로 등록할 수 있습니다. 22대 총선 예비 후보 등록은 2023년 12월 12일부터 가능합니다. 예비 후보 등록은 재산 신고가 포함되지 않으므로 준비 서류는 간소합니다. 예비 후보가 되어도 할 수 있는 선거 운동은 많지 않습니다. 그래도 선거 출마를 공식화할 수 있음을 계기로 홍보에 최선을 다해야 합니다.

예비 후보의 초기 선거 운동은 컷오프와 경선에 집중해야 하므로 첫째 당원 조직의 관리와 이에 대한 홍보가 중요합니다. 둘째 국민 여론조사를 대비해 인지도를 올릴 방법을 마련해야 합니다. 이를 위해 열성 지지자와 그로부터 확장된 지지자들을 관리하고 이들이 여론조사를 놓치는 일이 없도록 하는 전략을 수립하는 것이 중요합니다.

# 욕망의 지역 정치

 수성시 갑 지역 위원회의 회의 분위기가 어두웠다. 상무 위원들을 소집해 진행하는 회의에 정작 지역 위원장은 오지 않았다. 사람들은 지역 위원장도 없이 회의가 소집된 것에 불만이었다. 지역 위원회 사무국장이 대신 회의를 주재했다. 신년 해맞이 등산 계획을 설명하고 최대한 많은 사람이 참여했으면 한다고 말했다. 최도일 도의원이 신년 해맞이에 예비 후보들도 오는 것이 좋겠다고 했다. 사무국장은 떨떠름한 표정으로 비꼬는 한마디를 했다.
 "최 의원님은 이기승을 참 열심히 챙기십니다."

"이게 무슨 챙기는 거요? 모두가 우리 당원인데 신년회를 같이 해야 한다는 말이 그렇게 아니꼽게 들려요?"

언성이 높아졌다. 주변에서 최도일 의원을 말렸다. 사무국장도 물러서지 않았다. 이기승 후보를 뒤에서 조정하는 것이 최도일 의원이라는 말이 있다고 하고, 경선 일정을 언급하며 이번 활동을 평가할 것이라고 했다. 사무국장의 말에 수성시 갑 현역 광역의원과 기초의원들도 쌓인 불만을 쏟아냈다.

"그러면 3년이나 남은 우리 공천을 책임지겠다는 말이에요? 우리 하는 것 봐서? 거참 정치 이상하게 하네."

"지금 뭐라고 했어?"

"뭐 못할 말 했어요? 지역 위원회 물갈이 다음에 우리 차례 아니야? 그리고 왜 반말이야?"

점점 거친 대화들이 오갔다. 최 의원이 오히려 말리는 형국이었다.

씩씩대는 의원들을 데리고 최도일 의원은 지역 위원회

회의장을 나왔다. 호프집에서는 굴러온 돌이 박힌 돌 뺀다더니 이게 뭐냐고 불만들이 쏟아졌다. 최도일 의원이 오히려 미안하다며 달랬다. 의원 중 몇 명은 차라리 전에 지역위원장이었다가 탈당한 현역 의원을 따라가는 것이 낫겠다고도 했다.

"어차피 정치는 생물[11]이라잖아요. 혹시라도 탈당한 의원이 무소속으로 당선이라도 되면…… 우리 처지도 참……."

"그래도 죄를 짓고 탈당한 사람 이야기는 하지 말자."

"낙동강 오리알 같은 우리 신세가 딱하다는 말이에요."

최도일 의원이 이 박사와 광역의원, 기초의원 몇명이 따로 만나는 자리를 주선했다. 가볍게 모여 소주 한잔하자는 명분이었다. 그동안 지역 위원장 눈치를 보느라 가벼운 인

---

[11] '정치는 생물'이라는 말은 '정치는 살아 있는 것'이라는 뜻으로 정치인이나 정치평론가들이 흔히 쓰는 말 중의 하나다. 즉, 정치는 살아 있는 것이라서 변수가 많고, 정치적 역학 관계에 따라 상황은 언제든 바뀔 수 있기 때문에 예측이 어렵다는 뜻이다.

사는 나눴어도 이런 자리조차 처음이었다. 최도일 의원이 이 박사가 얼마나 대단한지 의원들 앞에서 강조했다. 100% 당선이라는 경이적인 기록을 가지고 있는 인물이라고도 했다. 평소 같으면 겸손을 떨 만한 상황이었지만 이 박사도 짐짓 모른 척했다. 한 기초의원이 현재 판세를 어떻게 보는지 이 박사에게 물었다. 이 박사는 나쁘지 않다고 대답했다. 하지만 2%가 부족하다며 기초의원을 보며 말했다.

"의원님이 도와주면 화룡점정일 거예요. 절대 안 집니다."

"그렇다면 나중에 똑같이 도와줄 거예요?"

"이기승 후보는 공정하게 지방 선거 경선을 진행할 거예요. 누구를 밀겠다는 어떤 의도도 없이. 경선을 공정하게 진행하겠다는 그 의미 아시죠?

"알겠습니다. 한번 해 봅시다."

의원들의 눈이 빛났다. 현역 국회의원이나 지역 위원장이 지방 선거 경선에 개입하지 않는다면, 그렇게 경선이 공정하게 이루어진다면 누구에게 유리한 판이 되는지 의원들은 알고 있었다. 어차피 밀려나는 상황이라고 판단한 수성시 갑 전현직 의원들과 상무위원들이 움직이기 시작했다. 물론 일부는 탈당한 국회의원을 찾아가는 이도 있었다. 어떻든 균열이 생겼다는 것은 이 박사에게 고마운 일이었다. 이기승 후보가 이들을 직접 만나서 도움에 대해 감사를 표하는 것은 중요했다. 그리고 그들이 관리하는 당원 데이터가 들어오기 시작했다. 이 박사는 새로운 당원 데이터를 기존 관리하는 데이터와 비교하고 필터링한 후 선거 캠프와 후보가 전화할 당원 목록 순서를 세밀하게 조정했다. 후보가 당원과 전화 통화한 후에는 결과에 따라 만나야 할 당원을 추리기 시작했다.

## 10만이 1만이 되는 현실

본격적인 선거 운동을 시작하면 후보에게 다가오는 여러 유혹들이 있습니다. 특히 정치 신인의 경우에는 더욱 그렇습니다. 앞서 강조한 것처럼 경선이 중요해지고 경선을 좌우할 데이터 확보가 어렵기 때문입니다. 이외에도 조직의 열세, 낮은 인지도와 지지도 같은 생각지도 못한 난관에 봉착합니다. 이럴 때 소위 선거 브로커가 등장합니다. 그들은 통신사, 보험사 등의 데이터 또는 지역의 각종 모임과 사조직 데이터를 제공할 수 있다고 말합니다. 당연히 이에 따른 금품을 요구합니다. 조직을 꾸려 주겠다며 금품을 요구하기도 합니다. 우리는 이런 불법적인 요구를 단호히 거절하라고 말합니다. 데이터의 신뢰성, 조직 구성 능력을 떠나 명백한 불법이자 빠져나올 수 없는 함정이기 때문입니다.

우리는 지방 의회 의원과 같은 직전 선거에 참여한 커넥터들이 가져오는 데이터에 집중하라고 합니다. 이런 데이터야말로 본인의 정치를 위해 관리하는 진성 데이터입니다. 문제는 이들이 진성 데이터를 주지 않는 경우도 많다는 것입니다. 그래서 10만 개 데이터가 모였는데 중복 데이터를 제외하면 실제 데이터는 1만 개에 불과한 경우도 경험했습니다. 우리는 반복적으로 경선을 위해서는 데이터 확보가 중요하다고 강조했습니다. 그리고 그 소스도 어디에 있는지 알 수 있다고 했습니다. 이 문제를 극복하는 방법은 단일하지 않습니다. 각각의 상황에 맞게 넘어서야 하는 문제입니다. 확실한 사실은 오늘은 내가 후보이지만 다음은 그가 후보인 선거가 시작될 것이라는 점입니다. 그래서 가능성이 보이면 답을 찾을 수 있을 것입니다.

# 경선과 커밍아웃

 천하당 수성시 갑 경선이 시작됐다. 경선은 지역 위원장[12]과 이기승 후보 2명의 경선이었다. 예비 후보 2명은 공천 심사 위원회[13]에서 컷오프를 당했다. 컷오프당한 예비 후보 중 한 명은 여의도 중앙당사 앞으로 가서 지지자들과 시위를 벌였다. 중앙당사 앞은 곳곳에서 컷오프된 후보와 그를 지지하는 이들의 항의 시위로 어수선했다. 하지만 중앙당의 결정은 번복되지 않았고 점차 그들도 힘을 잃었다. 이 박사는 이기승 후보에게 고생했다고 처음으로 칭찬했다. 애초에 컷오프 문제는 이 박사의 일이 아니었다. 만나야 할 사람과 해야 할 말과 행위에 대해 충고는 했지만, 공천 심사 위원회의 결정은 예측이 불가했다. 후보의 개인기가 발휘되어야만 했다. 다행히 이 박사가 원하는 각본대로 경선이 시작되고 있었다.

경선을 앞두고 이기승 후보 선거 사무소 개소식이 열렸다. 선거 사무소 개소식에는 최도일 도의원을 비롯해 지역구 당원들과 자원봉사자, 지지자, 후보 지인 들이 모였다. 출범식 규모가 중요했다. 초대에 공을 들인 천하당 현역 국회의원들이 참석해 축사를 했다. 하지만 사람들을 움직인 축사는 역시 최도일 의원이었다.

"제가 정치에 입문한 지 30년의 세월이 흘렀습니다. 수

---

**12** 일부 정당의 당규를 살펴보면 지역 위원장이 국회의원 선거의 후보로 추천받기 위해 추천 신청을 하는 경우 정해진 기간 전에 지역 위원장직을 사퇴하여야 한다는 규정이 있다. 이 책에서는 경선 과정에 대한 이해를 돕기 위해 '지역 위원장'이라 표현했다.

**13** 후보의 자격 심사와 경선을 주관하는 기구는 정당마다 명칭이 다르다. 국민의힘은 '공천 관리 위원회', 더불어민주당은 '공직 선거 후보자 추천 관리 위원회', '공직 선거 후보자 검증 위원회'라는 명칭을 사용하고 있다. 이 책에서는 자격 심사와 경선을 주관하는 기구를 모두 '공천 심사 위원회'로 통일하여 사용했다.

성시가 수성군이던 시절부터 시작했으니 적지 않은 시간이었습니다. 짧지 않은 세월 동안 많은 부침과 변화가 있었습니다. 최근에는 우리 지역구 현역 의원의 사고와 같이 부끄러운 일도 있었습니다. 하지만 변하지 않은 것도 있습니다. 정치는 국민 앞에 당당해야 한다는 것입니다. 우리 당의 국회의원 후보가 지역 주민 앞에 당당하고 부끄럽지 않아야 한다는 생각, 이제 우리의 정치가 조금은 더 젊어져야 한다는 것입니다. 이러한 생각에 저와 천기명 도의원, 강지은 시의원, 김영희 시의원은 이기승 후보를 지지하기로 했습니다. 우리가 수성시 갑 지역의 자존심을 지켜야 합니다. 우리가 함께 만들어야 합니다. 이기승 후보를 중심으로 우리가 만들 수 있습니다!"

이기승 후보에 대한 지지를 공식적으로 선언한 지방의원들이 이기승 후보와 함께 단상에 올랐다. 개소식에 모여 있는 모든 사람들이 '이기승'을 연호했다.

개소식은 계획한 대로 성공적이었다. 지방의회 의원들의 지지 선언은 지역 정치판에 화제였다. 개소식에 온 지역 기

자들도 앞다퉈 이 소식을 전했다. 이 박사는 개소식 이후 후보의 일정을 최소한으로 잡았다. 차량 이동 중에도 반드시 통화해야 할 전화 명부가 있었다. 후보와 배우자는 전화에 집중했다. 이 박사는 매일 숫자를 확인했다. 사무국 전체가 전화와 데이터 입력에 매달렸다. 당의 공식 후보가 되지 못하면 지금까지의 모든 것이 의미가 없어지는 것이다. 모든 역량은 경선 하나에만 집중되고 있었다.

대외적인 일정은 SNS를 중심으로 전개됐다. 최소한의 일정을 최대한 키우는 것이 SNS 운영 목표였다. '좋아요👍 이기승' 캠페인은 소셜 미디어에서 영향력 있는 이들이 이기승을 지지하는 이유를 짧게 영상으로 올렸다. 처음에는 당 유명 인사로부터 출발해 최도일 의원을 비롯한 지역의 당원들이 이기승 후보를 공개적으로 지지하는 영상을 올렸다. 기세가 이기승 후보에게 오고 있음을 느끼기에 충분했다.

경선 여론조사와 투표가 시작되기 직전 이기승 후보의

예비 후보자 홍보물[14]이 지역 당원들을 중심으로 우편 발송됐다. 사람들의 왕래가 많은 식당, 미용실과 부동산 사무소 등도 포함했다. 선거법에 발송 수량이 정해져 있으므로 불특정 대상이 아닌 특정한 대상을 중심으로 발송 주소를 결정했다.

이와 동시에 출판 기념회가 열렸다. 애초의 기획대로 이기승 후보가 인터뷰하고 책에 실린 시민들이 초청을 받아 참석했다. 출판 기념회가 시작되자 책에 등장하는 인터뷰 대상 시민을 편집한 깜짝 다큐멘터리 영상이 상영됐다. 연단 앞 맨 앞줄에 앉아 있던 책에 등장하는 시민들은 영상에 등장하는 자신의 모습에 놀라고 환호했다. 고조되는 분위기를 배경으로 이기승 후보가 등장했다. 이기승 후보가

---

[14] 공직선거법 제60조의3(예비 후보자 등의 선거 운동)에 따르면 예비 후보자 홍보물은 선거구 안에 있는 세대수의 100분의 10에 해당하는 수 이내에서 우편으로 발송할 수 있다. 관할 선거 관리 위원회로부터 발송 대상·매수 등을 확인받은 후 선거 기간 개시일 전 3일까지 중앙 선거 관리 위원회 규칙이 정하는 바에 따라 발송해야 한다.

한 시민의 사연을 차분히 읽어갔다. 수성시에서 아이를 키우는 엄마의 고민을 담은 내용이었다. 책을 덮은 이기승 후보는 자신이 정치를 결심한 이유와 책에 담긴 사연자들을 만나며 느낀 점을 진솔하게 말했다. 그리고 이 책이 수성시 시민들과 대한민국 국민께 드리는 약속이라는 말로 마무리했다.

## 컷오프는 온전한 후보 책임

　한 정당의 후보가 되는 과정에서 후보는 예상할 수 없는 난관에 봉착하기도 합니다. 대표적인 것이 전략 공천과 컷오프입니다. 우리는 후보의 자기소개서를 보는 것만으로도 컷오프 여부를 판단하기도 합니다. 실제로 당의 선거 기조와 후보의 경력이 맞지 않아 컷오프될 것이라고 조언한 적도 있습니다. 물론 후보 측은 정당 대표와 어떤 관계인지 길게 설명하며 경선 후보가 될 것이라고 했지만 결국은 우리의 예측대로 컷오프당했습니다.

　컷오프는 오로지 후보의 능력에 달려 있습니다. 공천 심사 위원회의 심사 평가에는 배점표가 마련되어 있지만 가장 중요한 것은 당선 가능성입니다. 중앙당의 컷오프 면접 전에 중앙당 조직국의 당직자가 지역을 직접 방문해서 여론을 알아보는 경우도 있습니다. 물론 당 차원의 여론조사도 실시합니다. 배점표의 채점도 중요하지만 당선 가능성이 객관적으로 검증되어야 컷오프를 통과할 수 있습니다. 물론 중앙당의 입김으로 컷오프를 통과하거나 전략 공천이 되는 경우도 있습니다. 예측하기 어려운 과정인 컷오프 통과는 오로지 후보의 몫입니다.

  컷오프에서 탈락한 경우 탈락자와 지지자들이 중앙당으로 상경하여 항의 집회나 단식 농성을 벌이는 경우도 종종 볼 수 있습니다. 사실 이러한 행위는 재심의 기회에 참고 사항은 될지 몰라도 공천 심사 위원회의 결정에 큰 영향을 주지는 못합니다. 하지만 컷오프 결과가 나온 후에 재심에서 결과가 바뀌는 경우도 우리는 경험했습니다. 이것도 후보의 능력입니다. 마지막으로 주시해야 할 부분은 중앙당의 전략 공천입니다. 고도의 정치적 계산으로 이루어지고 결정되므로 전략 공천에 관한 당의 동향 수집과 필요한 경우 후보들 사이의 공동 대응도 필요합니다.

# 천하당 후보 이기승입니다

이기승 후보의 선거 캠프는 지난 며칠간 쉼 없이 달렸다. 당원 투표 여부를 확인하는 전화를 계속 걸었고, 걸려 오는 투표 확인 전화를 받았다. 여론조사에 응답한 사람들의 회신을 받아 숫자를 계산했다. 3일간의 당원 투표가 진행된 뒤 국민 여론조사까지 무사히 마무리됐다. 치열했던 경선 선거 운동의 후유증을 염려한 지역 위원회 원로와 고문 들의 제안으로 두 후보와 일정 수의 당원들이 도당 사무소에 모인 자리에서 경선 결과를 발표하고, 두 후보가 총선 승리를 위해 화합하는 모습을 보이기로 했다. 도당과 중앙당에서도 이 제안을 받아들였다.

이기승 후보와 현 지역 위원장이 도당에 도착했다. 모두 숨소리도 내지 않고 경선 결과 발표를 기다렸다. 도당 사무국장이 중앙당을 대신해 경선 결과를 발표했다. 먼저 국민 여론조사[15] 결과는 48 대 52로 지역 위원장의 승리였다. 지역 위원장을 지지하는 쪽에서 환호성이 나왔다. 당원 투표 결과 역시 지역 위원장의 근소한 승리였다. 지역 위원장을 지지하는 함성과 연호가 커지기 시작했다. 최종 결과가 발표됐다.

"합산한 득표에 신인 가산점을 반영한 결과로 수성시 갑 국회의원 후보로 이기승 후보가 선출되었습니다."

순간 잠시 정적이 흐른 뒤 이기승 후보 쪽에서 환호성이 터졌다. 반대편에서는 이게 무슨 소리냐며 웅성댔다. '이기승'이 연호되기 시작했다. 이기승 후보가 경쟁자인 지역 위

---

[15] 정당의 당규를 살펴보면 경선 방법의 용어를 권리 당원 투표, 책임 당원 투표 그리고 국민 참여 경선, 여론조사 등으로 다르게 사용하고 있다. 이 책에서는 '당원 투표', '국민 여론조사'라고 표현했다.

원장에게 다가갔다. 지역 위원장은 아직도 멍한 얼굴이었다. 이기승 후보가 고개를 숙이며 인사했다. 지역 위원장이 자리에서 일어났다. 이기승 후보와 지역 위원장이 함께 두 손을 높이 들었다. 사람들은 '이기승'을 다시 연호했다.

"안녕하십니까. 천하당 수성시 갑 국회의원 후보 이기승입니다." 이기승 후보를 지지한 사람들이 열광했다. 지역 위원장을 지지했던 사람들이 하나둘씩 자리를 벗어났다. 지역 언론사의 인터뷰가 이어졌다. 이기승 후보는 경쟁 상대였던 지역 위원장에 대한 인사와 함께 총선에서 반드시 승리하겠다는 각오를 밝혔다.


"솔직히 저도 진 줄 알았어요."

예비 후보 선거 사무소에 축하하러 밀물처럼 들어온 사람들이 빠져나가자 이기승 후보가 이 박사에게 말했다. 저쪽 편에서 환호성을 계속 지르니까 졌구나 싶었다고 했다. 이기승 후보가 이 박사에게 물었다.

"제가 이길 것을 어떻게 알았어요?"

도당으로 출발하는 이기승 후보에게 이 박사는 경선 결과 발표 후에 진행될 인터뷰 자료를 건네며 도당으로 가는 중에 읽어 보라고 했다.

"숫자를 셌으니까 알지요. 우리에게 투표할 사람은 모두 투표했어요. 그러면 우리가 절대 질 수 없는 상황이었어요. 10% 가산점이 있었으니까. 여론조사가 사실 걱정이 좀 되었는데 역시 우리 계산대로 나왔어요. 내 생각보다 조금 더 이겼네요. 고생하셨습니다."

그날 늦은 저녁 이 박사는 최도일 도의원과 만났다. 이번 경선의 승리는 최도일 의원이 없었다면 애시당초 불가능했을지도 모른다는 생각이 들었다. 최 의원이 중심이 돼서 가져온 데이터와 광역의원, 기초의원의 지지 선언, 즉 커밍아웃이 있었기 때문에 당원에게 문자 메시지를 원활하게 발송할 수 있었다. 최 의원과 현역 지방의원들이 공개 지지를 선언하면서 수성시 갑 지역 위원회 내부가 붕괴됐다. 결국, 굴러온 돌은 박힌 돌을 빼지 못하고 그냥 굴러가고 말았다. 이제 본선거의 시간이 시작됐다.

## 본선거보다 어려운 경선

경선은 본선거보다 더 어렵습니다. 대부분 특정 소수인 당원 선거에서 경선 결과가 판가름나기 때문입니다. 그래서 경선은 본선거보다 더 치열한 선거 운동이 전개되고 지지자들 사이의 알력도 심합니다. 정당의 공천이 곧 당선인 일부 지역은 경선에 가용할 수 있는 모든 역량을 쏟아붓습니다. 후보가 되면 당선이 유력하기 때문입니다. 그래서 정당의 공천을 받으면 '깃발을 꽂았다.' 즉, 당선이 이미 확정됐다는 표현을 쓰기도 합니다. 하지만 본선거의 백중지세가 예상되는 지역은 경선이 치열할수록 본선거의 경쟁력이 떨어집니다. 선거 자원도 경선 과정에서 많이 소진되고 경선의 앙금도 남습니다. 그래서 상대 정당의 후보 경선이 치열한 곳에는 전략적으로 단수 공천이나 전략 공천을 하는 정당도 있습니다. 컷오프의 기준이 당선 가능성인 것처럼 중앙당의 선거 목표는 국회의원 의석을 많이 확보하는 데 있기 때문입니다.

경선은 보통 걸려 오는 전화를 받는 당원 투표 2일, 당원이 직접 전화를 걸어 투표하는 1일 그리고 국민 여론조사로 이루어집니다. 그러므로 4일 정도 소요되는 경선 기간에는 전략적으로 대응해야 합니다. ARS 투표로 진행되는 경선은 경선 후보의 이름과 대표 경력을 듣고 지지하는 후보의 번호를 입력하는 방식입니다. 중요한 사실은 보는 것이 아니라 듣는다는 것이라는 점입니다. 대부분의 당원은 경선일 이전에 이미 지지하는 후보를 결정해 놓은 상태입니다. 반면 국민 여론조사의 경우 관심이 적고 경선 후보의 인지도가 낮기 때문에 지지하는 후보가 없는 시민이 더 많습니다. 그러므로 국민 참여 경선에서는 특별한 경우를 제외하면 후보들 간의 득표율 차이가 많이 나지 않습니다.

경선 전략의 핵심은 의외로 단순합니다. 나를 지지하는 당원은 모두 투표해야 하며, 나를 지지하는 시민은 경선일에 여론조사 전화를 놓치지 말아야 합니다. 당연히 경쟁 후보를 향한 투표율은 낮아야 합니다. 하지만 누구나 아는 이런 사실을 전략에 반영하는 것은 간단하지 않습니다. 위의 조건을 만족시키는 동기를 제공하고 관리해야 하기 때문입니다.

　참, 지역구 국회의원 후보 경선 결과를 위에 소개한 에피소드 상황처럼 발표하지는 않습니다. 중앙당은 경선 결과를 각각의 선거 캠프에 별도로 전달하거나 중앙당 홈페이지에 공지하는 것이 일반적입니다. 전달되는 결과의 내용도 정확한 수치는 공개하지 않고 선출 여부만 통보하기도 합니다. 지역구 국회의원 후보 경선의 투표 결과는 유효 투표의 결과를 득표율로 환산합니다. 가산이나 감산이 필요한 경우 그 득표율을 기준으로 계산합니다.

완벽한 **당선사례**

# 선거는 없다

**3** PART

# 100명이 사는 마을

경선 다음 날 이기승 후보는 경선에서 패배한 지역 위원장을 만나 위로와 도움을 요청했다. 그리고 경선 기간 중 도움을 준 이들에게 전화를 걸어 감사를 전했다. 소셜 미디어에서 응원한 사람들을 위해서는 유튜브 채널 생방송을 진행했다. 이 박사는 후보에게 '이 계기를 활용해 전화 한 통이라도 더할 것'을 강조했다. 며칠이 지난 후 이 박사 요청으로 이기승 후보와 핵심 관계자들이 모였다. 경선 승리 분위기는 여전했다. 사람들은 경선 중에 일어난 일들을 이야기하며 웃었다. 자연스럽게 만들어진 경선 과정에 대한 복기의 시간이었다.

이 박사가 지난 경선 과정을 하나하나 되짚으며 지적했다. 승리할 수 있었던 이유와 경선을 통해 드러난 약점을 말했다. 그는 우리가 이긴 것은 운이 좋아서가 아니라 계산에 있었음을 강조했다. 그리고 이제는 계산의 영역을 벗어난 본선거가 기다리고 있다고 했다. 앞으로 이렇게 모이기 쉽지 않을 것이라며 파워포인트 파일을 열었다.

'100명이 사는 마을'이 제목이었다.

100명의 유권자가 사는 마을이 있다. 국회의원 선거에서 38명은 투표장에도 오지 않는다. 남은 62명 중에 이미 44명은 누구에게 투표할지 이미 정해져 있다. 그리고 남은 18명 중 15명은 대세를 따라간다. 100명의 유권자가 사는 마을은 총선에서 개별 후보 영향력이 매우 미미하다는 것을 보여 준다. 전국 단위 총선에서 수성시 갑 선거의 결과는 수도권 흐름과 같을 것이다. 이기승 후보의 운명은 천하당의 선전 여부, 공중전에 달려 있다.

"그럼 아무것도 안 해도 되겠네."

누군가 던진 말에 이 박사가 웃었다. 총선 구도가 좋으면 후보가 잠적해도 소문만 나지 않으면 당선될 것이라고 했다. 대구, 경북이나 광주는 총선 구도와 상관없이 그렇게 될 것이라 설명했다. 결과는 후보와 상관없이 정해져 있다. 다만, 수성시는 수도권 선거이며 전체의 총선 구도에 이기승 후보의 활동도 영향을 주는 요소 중 하나라고 말했다. 그렇다면 이기승 후보의 선거 캠프는 무엇을 해야 하는지 이 박사가 질문했다. 다들 '글쎄'라는 표정이었다.

"우리는 남은 3명을 가져오는 데 집중합니다."

이 박사는 100명에서 하나씩 빼고 남은 3명을 가리켰다. 그는 3명의 모습을 그려가기 시작했다. 3명을 소인수 분해하듯이 다시 세분화한 그룹으로 나누었다. 그리고 이 3명을 설득하기 위한 메시지와 공약 등을 이번 주중에 최종 정리하겠다고 했다.

다음은 공식 선거 대책 기구의 구성에 대한 설명이 이어졌다. 이 박사는 선거 조직을 선거 대책 위원회[16]와 선거 대책 본부 그리고 실무를 담당하는 사무국으로 크게 구분했다. 선거 대책 위원회는 위원장의 면모가 중요했다. 선거 대책 위원장으로 지역의 명망가와 경선 상대였던 직전 지역 위원장[17] 등의 이름을 거론했다. 선거 대책 위원장은 후보가 직접 정중히 청하도록 했다. 선거 대책 위원회와 선거 대책 본부는 모두에게 적절한 명칭의 위원장과 본부장 직책을 부여하는 것을 원칙으로 삼았다. 무엇보다 선거 대책 본부의 규모가 커야 한다고 설명했다.

실무를 담당하는 사무국은 박광원 사무장을 중심으로 업무를 나누었다. 이 박사는 선거 대책 위원장은 여러 명이 그리고 선거 대책 본부는 매머드급 규모로 구성하는 것이 목표라고 했다. 그것이 그동안 후보에게 지적된 '약하

---

[16] 일반적으로 선거 조직은 '선거 대책 위원회(선대위)'라고 칭한다. 선대위는 선거 업무와 직역, 직종, 직무 등에 따라 나누어지는 '선거 대책 본부(선대본)'로 구성된다. 그리고 선거 실무를 담당하는 사무국이 있다.
[17] 공천을 받은 지역구 국회의원 후보는 당무 위원회가 인준하는 때 별도의 절차 없이 지역 위원장에 선출된 것으로 본다는 규정이 있는 정당도 있다. 이 책에서는 이 규정을 준용했다.

다'라는 평가를 불식하는 일로 봤다. 하지만 그 조직이 실질적인 선거 운동을 진행할 것으로 기대하지 말아야 한다고 덧붙였다. 일은 사무국이 해야 한다고 말했다. 후원회장은 이기승 후보가 졸업한 당시 고등학교 교장 선생님이 맡기로 했다.

## 유권자가 100명이라면

우리는 후보에게 선거를 이해시키기 위해 여러 가지 예시를 사용합니다. 본선거의 경쟁이 치열한 100명이 사는 마을도 그중 하나입니다. 100명이 사는 마을은 후보의 선거 캠페인을 어디에 집중해야 하는지 보여줍니다. 후보는 투표장에 나오는 유권자들 중 우리 쪽으로 움직일 수 있는 3명을 대상으로 집중해야 한다는 것이 우리의 주장입니다. 앞서 다룬 것처럼 경선에서 승리하여 정당의 공천을 받으면 곧 당선인 지역은 다른 전략이 필요합니다. 뻔히 공천을 받아도 낙선이 기정 사실인 지역에서의 선거는 정치인으로서 장기적 계획을 세우거나 특수한 지역 공약 등을 내세우는 방식을 고려해야 하지만 쉽지 않습니다.

100명이 사는 마을의 3명의 유권자를 환산하면 3%입니다. 유권자 수가 20만 명이라면 3%는 6천 명입니다. 이 6천 표가 어디로 가느냐에 따라 당락이 결정될 수 있습니다. 재미있는 점은 후보마다 목표로 하는 3% 해당 유권자가 다르다는 점입니다. 이미 어떤 후보가 나오더라도 투표 방향이 결정된 지지자를 이 숫자에 넣으면 안 됩니다. 정치와는 좀 떨어져 있으면서 다양한 이유로 후보를 지지하는 유권자를 만들어야 합니다. 우리는 선거 운동이 3명의 유권자 명단을 만들고 지지를 이끄는 과정이 되어야 한다고 생각합니다.

우리는 후보를 지지하는 사람의 수를 셀 수 없는 선거 운영이 가장 어렵다고 생각합니다. 전략의 적절성 여부를 판단하기 힘들기 때문입니다. 지지하는 유권자 수를 예측할 수 없다면 그 선거는 운에 맡기고 있는 것입니다. 대선을 제외하면 광역 자치 단체장과 교육감 선거처럼 지역이 넓은 선거가 숫자를 계산하기 어렵습니다. 그중에서도 정당 표시도 기호도 없이 후보 이름만 있는 교육감 선거가 가장 어렵습니다. 우리는 경선 중에서도 가장 어렵다는 보수 성향의 교육감 단일화 경선을 성사시키고 이긴 경험이 있습니다. 아무리 어려운 선거라도 규칙을 정확히 이해하면 방법이 있습니다. 후보에게 주어진 선거 환경은 같기 때문입니다.

# 전투의 시간

공식 선거 대책 위원회는 특별할 것이 없었다. 선대위 발대식[18]과 선거 대책 본부장의 직책 임명을 계기로 활용하면 되는 일이었다. 이 박사가 발표한 그대로 최대한 많은 사람이 참여할 수 있는 선거 대책 본부가 꾸려지고 선대본부장이 임명될 것이다. 선거 대책 위원장으로 청한 인물들은 대부분 자연스럽게 그 직책을 수락했다. 경선 경쟁자였던 지역 위원장도 흔쾌히 수락했다. 이기승 후보는

---

[18] 선거 현장에서는 선거 대책 위원회의 활동 시작을 알리는 행사 용어로 '출범식', '발대식'을 혼용하고 있다.

최도일 의원도 선대위 공동위원장을 맡는 것이 좋겠다고 제안했다. 최도일 의원이 경선 승리에 결정적인 역할을 했는데 그만한 예우를 해야 한다는 것이 이기승 후보의 주장이었다. 최도일 의원은 손사래를 쳤다. 이 박사가 나섰다. 이기승 후보의 뜻은 알겠지만, 최도일 의원은 선거 대책 본부를 총괄하는 '선거 총괄 본부장'이 좋겠다고 했다. 이 제안을 최도일 의원이 수락하며 공동 선대 위원장은 정리가 됐다. 선대위 발대식은 선거 운동이 시작되는 첫날 열기로 했다.

직책에 후한 매머드급 선거 대책 본부가 구성됐다. 그러다 보니 직종, 직무와 관련된 위원장과 본부장의 명칭은 50여 개에 달했다. 이 박사는 위원장과 본부장의 명칭은 끊임없이 계속 만들어질 것이라고 했다. 단, 부위원장, 부본부장 등 '부'자가 들어가는 직위는 없다고 했다. 수직으로 줄 세우는 조직도가 아닌 수평으로 길게 늘어져 있는 조직도를 만들었다. 어차피 사람들의 만족이 중요했다. 선대위 위원장과 선대본 본부장에게 공식적으로 일만 원 후원회원 모집을 요청했다. 이 박사는 후원회원 모집 프로그램이 경쟁 의식을 갖게 하고 주어진 직책의 자존감을 높일 수 있는 계기가 될 것이라고 설명했다.

공식 선거 캠프의 실무를 담당할 사무국은 메시지 센터와 선거 운영팀으로 다시 나누었다. 이 박사가 정성을 들이는 조직은 메시지 센터였다. 기존 메시지팀을 확장해 인력을 추가로 투입했다. 메시지 센터를 선거 운영팀과 분리한 것은 그 역할과 업무가 빠른 의사 결정과 실행을 요구하기 때문이었다. 메시지 센터는 후보와 선거 캠프의 말을 책임지는 기구로 역할을 규정했다. 후보의 일정에 맞춰 후보가 전달해야 할 메시지와 선대위 명의의 언론 보도자료 배포, SNS 운영을 담당하는 실무가 주어졌다. 13일의 선거 운동 기간과 투표일 당일[19]에 나오는 모든 공식적인 메시지는 메시지 센터에서 총괄할 것이다. 이 박사는 14일간의 선거 기간에 사용할 모든 메시지를 후보 등록일 전까지 최종 확정할 것을 메시지 센터에 지시했다. 발생할 수 있는 위기 상황을 예측하고 대비 메시지도 준비하기를 당부했다. 후보 등록일 전에 14일간의 후보의 일정 기획과 공약의 주제별 발표 일정이 수립될 것이므로 일정 담당자와 협업하면 될 일이었다.

이어서 선거 운영팀 업무를 점검했다. 후보 등록에 필요한 추가 서류 목록을 확인하고 특히 재산 신고를 면밀하게 검토하라고 지시했다. 선거 사무원으로 올릴 명단과 선관위 제출에 필요한 등록 서류를 확인했다. 선거 유세에 참여할 선거 운동원은 각 투표소별 조직 관리자 추천을 받아 구성했다. 특히 성별이나 나이에 관계 없이 걷는 것을 좋아하는 사람을 추천받았다. 출퇴근 인사와 총력 유세 이외의 시간에 선거 운동원들은 선거 유니폼을 입고 피켓을 들고 자신이 사는 동네를 누빌 것이다. 사전 투표 참관인,

---

19 공직선거법 제33조(선거 기간)에 따르면 국회의원 선거 기간은 14일간이며, 13일간의 선거 운동 기간과 선거일로 구분된다. 선거일은 선거 기간의 마지막 날을 의미하며 투표하는 날이다. 그래서 선거일을 '투표일'이라고도 한다. 사전 투표가 실시되는 2일 동안은 사전 투표 기간이지만 선거일은 아니다. 사전 투표 기간에는 사전 투표 독려와 선거 운동을 병행할 수 있다. 그러나 선거일은 선거 기간에 해당하지만 선거 운동은 할 수 없다.

투표 참관인도 각 투표소별 조직 관리자 추천을 받았다. 개표 참관인은 사무국에서 선발하되 개표 참관 경험이 있는 당원을 중심으로 했다. 선거 운동에 필요한 그 밖의 신고 서류와 유세차와 홍보물 제작 등의 일정은 잘 진행되고 있었다.

이 박사는 본선거는 점검과 확인, 즉 선거 관리가 전부라고 했다. 선거 운동에 관계하는 사람이 늘어나면 사고가 어디서 어떻게 발생할지 모른다고 했다. 앞으로 후보 등록까지 남은 시간 동안 긴장을 놓아서는 안 된다고 강조했다. 지금은 선거라는 전쟁을 준비하는 시기이지만 막상 선거가 시작되면 그때부터는 전쟁이 아닌 전투를 해야 한다고 했다. 선거 운동이 시작되면 사무국은 더 슬림하고 유연한 조직으로 축소될 것이라고 했다. 이 박사는 '평화를 원한다면 전쟁을 준비하라! Parabellum.'이라는 유명한 할리우드 영화 서브 타이틀을 인용했다. 14일의 선거 기간 동안 선거 사무의 안정적인 운영을 원한다면 그리고 선거의 승리를 원한다면 선거에 관련된 모든 것이 준비되어 있어야 했다. 선거라는 전쟁이 만들어내는 긴장이 점점 커져만 갔다.

## 14일의 이벤트 준비하기

우리는 공식적인 선거 운동 기간이 시작되기 전에 모든 준비가 끝나야 한다고 주장합니다. 선거 기간에 매일 해야 할 새로운 업무가 생긴다면 준비가 안 된 것입니다. 선거 운동 기간에는 계획된 일을 실행해야 합니다. 투표일을 포함해 14일의 기간에 어떤 이벤트를 할 것인지 기획하고 준비하면 어렵지 않게 준비할 수 있습니다.

먼저 공식적인 이벤트가 있습니다. 선거 운동 개시일, 선대위 발대식, 후보 토론회, 정당 총력 유세, 사전 투표일, 투표일 등이 있습니다. 공식적인 이벤트가 비어 있는 일자에 핵심 공약 발표, 유명 인사 및 단체의 지지 선언 등과 같은 이벤트를 채워 넣습니다. 이렇게 채워진 이벤트에 맞추어 후보자 일정을 잡습니다. 보육 관련 핵심 공약을 발표하는 날에는 보육에 상징적인 장소를 방문하거나 관련 기관과 후보와의 간담회를 준비합니다. 이벤트를 핵심 메시지가 담긴 그릇이라고 본다면, 후보의 일정은 그런 메시지를 돋보이게 하는 장치라고 할 수 있습니다. 그 돋보이는 효과를 더 높이기 위해 후보의 일정 전이나 일정 직후에 메시지가 유권자에게 전달되는 길을 만들어야 합니다. 언론 노출을 위한 보도자료, 성명, 논평, 기자 회견 등을 이벤트의 내용과 성격에 맞게 준비합니다. 지지자를 대상으로 한 문자 메시지 발송, 후보자의 선거 캠프 SNS를 통한 카드 뉴스, 생방송 같은 활동도 유권자에게 메시지를 전달하는 미디어로 활용해야 합니다. 여기에 출퇴근 인사, 간담회, 시설 방문 등 주기적인 활동 계획을 후보와 배우자로 나누어 추가합니다. 선거 운동원과 유세차는 필요에 따라 후보와 결합합니다. 항상 같이 다니지는 않습니다. 따라서 선거 운동원과 유세차의 동선 등과 관련된 유세도 촘촘하게 기획되고 관리되어야 합니다.

선거 기간 중 사조직과 관련된 이벤트의 기획과 관리는 개별적인 상황이 다르므로 여기에서 언급하지는 않겠습니다. 다만 후보가 직접 사조직을 관리할 경우 불미스러운 일이 발생할 수 있으니 피해야 한다는 점은 밝혀둡니다.

# 화학적 결합은 없다

 이 박사가 선거 캠프에 도착했을 때는 이미 한바탕 난리가 지나간 뒤였다. 회계 책임자인 권다운 씨가 급하게 이 박사에게 전화를 했다. 박광원 사무국장과 직전 지역 위원장 측에서 보내온 실무 책임자가 크게 싸운다고 했다. 이 박사가 구상한 선거 대책 위원회가 실행되기 전이었다. 선거 캠프는 기존의 선거 준비팀 실무진, 직전 지역 위원장 선거 캠프에서 합류한 실무진, 중앙당과 도당에서 파견한 실무자, 자원봉사자 들이 혼재되어 있었고 이들 사이의 알력이 커지고 있었다. 하다못해 호칭도 문제가 되었고 서로

양보하지 않았다. 협업은 없었고 상대가 하는 일에 비판하거나 그저 방관했다. 같은 정당에서 그리고 지역에서 선후배나 동기로 지내던 사람들이 서로 반목하고 있었다.

선거 대책 위원회의 아름다운 모습은 모두가 하나가 되는 화학적 결합일 것이다. 하지만 선거 캠프에서 하나가 되는 일은 쉽지 않았다. 경선에서 패배한 지역 위원장은 선대위 위원장이라는 직책을 수락했지만 정작 업무는 데면데면했다. 선거 사무소에 얼굴을 비치는 경우도 거의 없었다. 수성시에서 조금 떨어진 지역구에서 공천받은 중앙당의 실력자 선거 캠프에 상주한다는 소문도 들려왔다. 게다가 과열되었던 경선과 질 거라고는 생각조차 못했던 상대방 지지자들에게는 여전히 앙금이 남아 있었다. 선대위는 외형은 커졌지만 시너지를 내지 못했다. 이 박사는 당연한 일인 듯 받아들였다. 예상했던 일이기 때문이다. 이 박사는 본선거가 시작되면 어느 정도 정리가 될 것이라고 봤다. 다만 선거 캠프에서 실무진의 다툼은 방치할 수 없었다.

이 박사는 실무진 분란의 원인이 인정받고 싶음에 따른 경쟁 심리 때문이라 보았다. 그는 모든 실무진과 한 사람씩 다시 면담을 진행했다. 사람들은 하고 싶은 업무를 말했고, 이 박사는 제대로 할 수 있는 업무를 선택하라고 요구했다. 성과가 있어야 전쟁 후에 전리품을 나눌 수 있다고 설명했다. 먼저 이 박사에게 업무 능력을 인정받아야 함을 주지시켰다. 사람들은 이 박사의 영향력을 무시하지 못했다. 업무는 재조정됐다. 사무국장을 제외하고 실무팀의 직급을 없앴다. 지시하고 점검하는 사람이 이 박사로 통일되자 업무 분란은 잦아들었다.

한편 지역 밖에서 이기승 후보를 지지하러 온 자원봉사자들의 불만도 점차 커졌다. 자원봉사자는 이기승 후보 개인을 응원하는 사람들이었다. 그들은 기존의 지역 정치인과 지역 위원회 관계자들의 태도를 이해하지 못했다. 열정은 없고 욕심만 가득한 꼰대 딱지를 붙이며 백안시했다. 자연스럽게 자원봉사자들은 선대위에 참여하지 않고 외곽에 머물렀다. 따라서 선거 준비가 어떻게 진행되고 있는지 몰랐다. 그들은 배우자 권아름 씨와 오히려 가까웠다. 일손이 부족할 때 배우자가 자원봉사자에게 연락하는 모양이 되었다.

이 박사는 자원봉사자 전원이 참여하는 간담회를 제안했다. 간담회에서 지역의 핵심 관계자와 만날 때와 다름없는 태도로 자원봉사자를 존중했다. 이 박사는 이번 선거의 전략과 구체적인 진행 상황을 설명했다. 그리고 자원봉사자들의 상황을 점검하고 그들의 이야기를 들었다. 자원봉사자들의 불만은 이 박사도 짐작하고 있었다. 멀쩡한 사람이 보자면 화날 일이 한둘이 아닌 곳이 선거 캠프였다.

"저도 다른 지역구에서 온 자원봉사자예요. 저도 사전 투표해야 해요."

자원봉사자들이 웃었다. 이 박사는 어이없었던 과거 선거 경험들을 꺼냈다. 그리고 정치와 선거 풍토의 문제에 대해 자원봉사자들과 똑같이 생각한다고 했다. 그래서 이기승 후보는 우리가 응원할 가치가 있는 후보라고 강조했다.

자원봉사자들 마음도 다르지 않았다. 이 박사는 매일 올 수 있는 자원봉사자에게 선대위에 합류해 주기를 요청했다. 지금은 후보 배우자가 자원봉사자와 연결점이 되었는데 선거에 들어가면 어렵다고 설명했다. 선대위에 참여한 자원봉사자가 다른 자원봉사자와 소통할 수 있는 연결점이 되어달라고 부탁했다. 자원봉사자들이 선거 대책 위원회에 다른 생각과 활기를 넣어주기를 부탁했다. 자원봉사자들도 동의했다.

공동 선대 위원장과 선대본부장 조직을 원활하게 만드는 일은 최도일 의원에게 주어진 과제였다. 그는 오랜 지역 정치 경력을 바탕으로 선후배들을 설득해 나가기 시작했다. 물론 선거 생리를 잘 아는 그들에게서 순수한 지원을 얻는 것은 사실상 불가능했다. 이 박사도 최도일 의원에게 무리하지 말고 참여한 사람들이 원하는 역할과 직책을 그냥 부여하는 것이 좋다고 조언했다. 다만, 직책을 가진 사람들이 지켜야 할 규칙은 하나였다. 불법, 위법한 선거 운동을 하지 않는다. 이 부분에 동의만 하면 된다고 했다. 그래도 최도일 의원은 사람의 마음을 얻기 위해 최선을 다해 움직였다. 최도일 의원이야말로 이기승 후보가 받은 가장 큰 축복이라고 이 박사는 생각했다.

## 공조직 vs 사조직

어느 선거 캠프나 사람, 조직 갈등이 있습니다. 사람이 하는 일이니까요. 쉽게 관찰되는 갈등 중 하나가 공조직과 사조직 사이의 다툼입니다. 외형으로는 어떤 활동이 선거에 더 도움이 되는가를 두고 다투지만, 사실은 후보가 누구 손을 들어 주는지를 둘러싼 다툼인 경우가 많습니다. 후보가 선거 기획을 실무 조직에 일임하는 경우 실무 조직과 공조직 갈등도 종종 발생합니다. 우리는 이런 갈등이 선거에서 자신의 역할을 인정받으려는 태도와 연관이 있다고 생각합니다. 조금 더 나가면 자신의 역할이 결정적임을 인정받으려는 태도일 수 있습니다.

인정받으려는 욕구가 꼭 선거 이후 보상을 받고 싶어서가 아닌 경우도 있습니다. 하지만 선거 이후의 보상을 위해 인정을 원하는 경우가 흔합니다. 실제로 우리의 등장을 선거 이후 보좌관 같은 자리를 차지할 것으로 예측하고 분란을 조장하는 사람을 만난 적도 있습니다. 따라서 공식 선거 운동 기간이 시작되기 전에 선거 캠프 내부를 재정비하고 기강을 잡는 것이 중요합니다. 서로 지시하는 사람이 되려는 분위기를 막아야 합니다. 따라서 선거 캠프의 조직은 수평적이어야 합니다. 이 시기에 후보는 특정인의 편을 들어서는 안 됩니다. 반복해서 강조하지만 우리는 선거를 총괄하는 후보 대리인이 이러한 상황을 정리하는 것을 권장합니다. 공개적으로 대리인이 후보를 대신하는 의사 결정자임을 천명하고 후보는 후보 본연의 선거 운동에만 집중해야 합니다.

자원봉사자와의 갈등은 대개 자원봉사자가 사라지는 결말이 기다립니다. 자원봉사자에게는 책임과 의무가 없기 때문입니다. 하지만 자원봉사자의 결합은 선거 캠프에 새로운 활력을 줄 수 있습니다. 후보를 위해 조건 없이 선거를 돕는 자원봉사자의 활용에 보다 신경을 쓰라고 권하고 싶습니다. 더군다나 자원봉사자 중에는 특별한 능력이 있는 실력자도 있습니다. 그 실력을 방치하지 않는 것도 선거 캠프를 총괄하는 사람의 중요한 역할입니다.

# 군자금은 힘이 된다

"박사님, 후원금 통장을 마감할게요."

회계 책임자 권다운 씨가 후원금 모집 내역을 뽑아왔다. 선대위 본부장들에게 공식적으로 요청한 일만 원 후원 운동이 기대 이상이었다. 이기승 후보가 유튜브 채널에 출연한 이후 5만원 이하 소액 후원도 적지 않았다. 후원자 명단을 주소를 기준으로 정리했다. 후원 인원은 지역이 80% 이상으로 많았고 후원 총액은 반반 정도의 비율이었다. 이박사는 원래 계획했던 목표 금액을 달성했으니 후원 계좌는 닫으라고 했다.

후원금 모집액 달성은 선거 캠프로서는 한결 여유를 가질 수 있는 계기가 됐다. 후보가 선거 비용을 혼자 마련하는 부담을 덜었을 뿐 아니라 선거 캠프에서 집행하는 비용도 제때 지불할 수 있게 되었기 때문이다. 권다운 씨도 한시름 놓은 얼굴이었다. 이 박사는 권다운 씨에게 선거 회계 관련 서류를 잘 챙기라고 다시 지시했다. 선거가 끝나도 끝나지 않는 업무가 회계였다. 메시지 담당자에게 후원금 달성 보도자료를 배포하고 SNS 채널에 후원 감사 카드뉴스를 올리라고 지시했다. 또 후원자 전체에게 보내는 감사 문자 메시지도 빠뜨리지 않았다.

이 박사는 이기승 후보를 처음 만났을 때가 생각났다. 후보가 직접 작성한 선거 예산서를 같이 살펴봤다. 이 박사가 선거 외 비용으로 지출할 것들을 이야기하고 대강의 금액을 잡았을 때 이기승 후보는 내심 부담스러운 얼굴이었다. 아무리 변호사라고 해도 직장인이었다. 선거 비용 보전을 생각하고 준비하겠다는 금액은 순진했다. 후보가 마련

할 수 있는 선거 예산서에 있는 비용에서 모자라는 금액을 출판 기념회, 후원금 모집, 크라우드 펀딩으로 조달하는 방안을 함께 살폈다. 돈에 관한 부분은 이 박사 마음대로 준비하라고 할 수 있는 일이 아니었기 때문이다.

다행히 출판 기념회[20]는 색다른 기획으로 행사도 성공적이었지만 현장에서 판매된 금액, 지인들이 주고 간 금일봉 규모가 컸다. 이기승 후보는 출판 기념회 수익을 이 박사에게 투명하게 공개했고 선거에 사용하자고 했다. 간혹 결혼식 축의금 받듯, 출판 기념회 수익을 다른 곳에 사용하는 후보도 있었다. 그런 면에서 이기승 후보는 언제나 투

---

[20] 후보 그리고 후보가 되려는 자와 관련 있는 저서의 출판 기념회는 선거일 90일 전부터 선거일까지는 개최할 수 없다고 공직선거법에 명시되어 있다. 그런데 이 규정을 지키면서 개최되는 정치인의 출판 기념회가 음성적인 정치 자금의 모금 통로로 변질되었다는 지적이 많다. 출판 기념회에서 정가보다 몇배 많은 고액의 도서 구매 비용을 지불해도 공직선거법이나 정치자금법 그리고 부정청탁금지법에 저촉되지 않기 때문이다. 책값 명목의 축하 금품은 기부 행위로 간주하지 않고, 도서 구매비 기준 자체도 없다. 다만 도서 무료 제공 행위만 기부 행위에 해당한다. 그래서 출판 기념회는 정치인들이 일종의 후원금 아닌 후원금을 합법적으로 거둘 수 있는 유일한 수단이 되어 있는 실정이다. 이러한 폐단을 막기 위해 출판 기념회 모금액을 정치 자금에 정식으로 포함해야 하고, 책 가격도 표시된 정가만 받을 수 있도록 법을 개정해야 한다는 의견이 제기되고 있지만, 실현 가능성은 알기 어렵다.

명한 사람이었다.

경선이 격전인 상황에서 크라우드 펀딩을 활용하는 것에 이 박사는 부담을 느꼈다. 예전에는 크라우드 펀드 모집을 계기로 홍보를 많이 했다. 하지만 대부분 사전에 펀드 기부를 섭외하고 진행하는 일종의 퍼포먼스였을 뿐이었다. 만약 펀드 모집이 순조롭지 못하면 발생할 리스크도 감내해야 했다. 무엇보다도 그것은 상환해야 할 금액이었다. 아무래도 번거로운 일이었고 홍보 효과도 크지 않았다. 이 박사는 후원회를 통한 모금에 집중하자고 했다. 그리고 후보가 후원금 모집을 위해 유튜브 채널에 출연하는 것에 적극적이었다. 유튜브 채널 운영자의 호소가 먹혔는지 경선 이전의 후원금은 외부에서 집중됐다.

이 박사는 경선 이후 선거 대책 위원회를 구성하며 선대본부장들에게 공식적인 일만 원 후원회원 모집을 요청했다. 유권자에게 부담이 없는 금액이면서도 후원을 한 사람과 가족은 우리 후보에게 투표하기 때문이다. 그래서 소액 후원인을 최대한 모으기를 요청했다. 상황 점검 회의에서는 공식적으로 후원인 모집 현황이 발표됐다. 초기에 후원인 모집에 속도를 내는 선대본부장에게는 후보가 직접 전화를 걸어 감사 인사를 전했다. 처음에는 미적미적하던 선대본부장들도 반복적인 발표에 변하기 시작했다. 후원인 모집에 경쟁이 시작됐다. 어느새 외부 후원을 압도하는 지역 후원인들이 모였다. 후원인에게는 지속적인 문자 메시지 발송으로 관계를 유지했다. 그 결실이 본선거 이전에 후원금 모집을 마칠 수 있는 결과로 돌아왔다.

### 선거 비용 조달은 어떻게 해야 할까요?

선거 비용 확보를 위해서는 세 가지 방법을 찾아볼 수 있습니다.

첫째는 후보가 스스로에게 차용하는 것입니다. 이것은 후보가 선거에 사용되는 정치 자금 통장에 후보 명의로 입금하고 선거가 끝난 뒤 보전을 받은 선거 비용에서 정산하는 아주 일반적인 방법입니다.

둘째는 후원회 설치입니다. 국회의원 선거에 출마한 후보는 후원회를 설치하고 1억 5천만 원을 한도로 후원금을 모금할 수 있습니다. 일반적으로 예비 후보로 등록할 때 후원회 등록을 같이합니다. 후원인이 후원회에 기부하는 후원금의 총액은 연간 2천만 원을 초과할 수 없습니다. 또 후원인이 하나의 후원회에 기부할 수 있는 후원금의 연간 기부 한도는 국회의원 선거의 경우 5백만 원 이하입니다. 후원인은 1회 10만 원 이하, 연간 120만 원 이하의 후원금을 익

명으로 기부할 수 있습니다. 법인, 단체, 외국인, 공무원, 교원 등은 후원금을 기부할 수 없습니다. 후원받은 기부금은 선거가 끝난 뒤에 돌려주지 않아도 됩니다. 당선자는 그 후원회를 변경 등록한 후 존속할 수 있으며, 선거 기간의 후원금을 승계하는 것이 일반적입니다. 낙선자의 경우 그 후원회는 해산되며 남은 재산은 국고로 귀속됩니다.

세 번째는 후원금과는 별개로 크라우드 펀드를 모집할 수 있습니다. 펀드 모집은 선거에 출마한 후보에게 금액을 약정하고 투자하는 방식입니다. 즉 후보에게 약정한 금액을 투자하고 펀드에서 약정한 반환일에 이자를 정산해 원리금과 함께 돌려받는 개인 간 차용 계약의 형식입니다. 정치자금법에 준용되지 않으며, 사적 차입의 형식입니다. 즉 개인 간 금전 대차입니다. 펀드 모금액은 한도가 없으며 개인 참여 한도액도 자유롭습니다. 보통 연리 3%로 계산해 반환일까지 일할日割 계산하여 원리금을 반환합니다. 펀드 참여자는 이자 수익에 대한 소득세를 납부해야 합니다. 후원금과는 달리 선거와 관련된 크라우드 펀딩은 선거 운동이 아니기 때문에 공무원이나 사립학교 교직원도 펀드에 참여할 수 있으며 외국인과 미성년자도 가능합니다. 크라우드 펀딩은 후원금이 아니며 법적으로 반드시 상환하도록 규정되어 있습니다. 하지만 후보의 득표율이 15%에 미치지 못해 선거 비용을 온전히 보전받지 못한 까닭에 원금을 돌려주지 못하는 경우가 생기기도 합니다. 또한 통상적인 이자율과 비교해서 현저히 낮은 이율로 펀드 모집을 하는 경우에는 정치자금법에 위반될 수 있습니다.

# 워 룸 War Room

  선거 운동 시작 하루 전이었다. 선거 운동 첫 번째 일정은 출근 인사를 총력 유세로 진행하고 선대위를 그 자리에서 출범하는 것이었다. 이 박사는 첫날 기세를 보여 주어야 한다고 했다. 기세는 모인 사람의 규모이고 인원 동원으로 판가름날 것이다. 선대본부장에게 동원 인원이 할당됐다. 한편으로는 강요됐고 한편으로는 경쟁을 부추겼다. 이 박사는 동원 인원의 숫자가 후보에게 보고된다는 이야기도 흘렸다. 사무국도 모두 유세 현장으로 달려갈 계획이었다. 메시지 센터의 도움을 받아 경선을 위해 구축한 데이터를 대상으로 총력 유세 안내 문자 메시지를 발송했다. 자원봉사자들에게도 첫 총력 유세를 함께해 달라고 요청했다. 후보도 선거 운동 첫 일정인 총력 유세와 관련된 내용을 SNS에 올리고 매일 밤 라이브 방송을 하면서 현장에 참여할 것을 부탁했다. 그만큼 선거 운동 첫날의 승부가 중요했다.

메시지 센터는 내일부터 투표일까지 14일 동안 진행되는 후보 일정과 이에 관련된 모든 메시지를 점검했다. 동별 현수막 제작물과 게시 위치를 다시 확인하고, 제작업체에게는 제시간에 정확하게 게시할 것을 요청했다. 현수막 게시에 좋은 위치를 선점하기 위해 자원봉사자들이 오후 늦게부터 애를 쓰고 있었다. 선거 운동원의 유니폼과 모자, 피켓 같은 선거 소품도 꼼꼼히 챙겼다. 후보가 나눠 줄 선거 명함, 유세 차량 및 현수막 표지 등록, 로고송, 유세 차량 동영상까지 만반의 준비가 끝난 상황이었다. 한 통의 전화를 받기 전까지는.

오후에 도착하기로 한 유세 차량이 예상보다 늦은 저녁

에 선거 사무소에 도착했다. 도착한 유세 차량의 랩핑 wrapping 상태와 영상, 음향 등을 확인하러 간 담당자가 음향에 문제가 발생했다고 보고했다. 유세 차량 제작 마무리 단계에서 확인했을 때는 아무런 문제가 없던 터였다. 선거 사무소 앞 도로에서 유세 차량 운전기사가 음향과 영상 설비를 만지는데 해결될 기미가 보이지 않는다. 유세 차량 제작업체에서 운전기사에게 전화를 걸어 설명하지만 그렇게 해결될 것 같지 않았다. 이 박사가 업체와 통화했다. 현장으로 기술자를 바로 보내라고 하자 선거 전날이라 불가능하다고 했다. 하루 말미를 달라는 말에 화가 났다. 계약 직전에 음향 시스템 세부 내역, 유지 보수 조건까지 조정했는데 어이없는 상황이었다. 당장 내일 총력 유세에 벙어리 유세 차량을 세워야 할 상황이었다.

 이 박사는 유세 차량 음향 시스템 사양을 조언해 준 지인과 통화했다. 전화로 상황을 듣던 그는 전화로 될 일이 아니라며 직접 오겠다고 했다. 밤늦은 시간에 그가 도착했다. 유세 차량의 음향 장비를 살펴본 후 그가 자기 차 트렁

크에서 작은 앰프 같은 물품을 가져왔다.

"선배님 여기에서 음향을 확인하면 민원이 들어올 것 같은데 어디 조용한 공터가 없나요?"

유세 차량을 한적한 시 외곽으로 이동시켰다. 한 시간쯤 지났을까? 유세 차량의 영상과 음향이 뚜렷하게 나오기 시작했다. 음향 장비에 손대면 책임져야 한다며 유세 차량 건들지 말라고 다퉜던 운전기사도 그제야 안심했다. 이 박사는 운전기사에게 아침에 늦지 않기를 당부하고 유세 차량을 내일 첫 유세 장소 인근 주차장으로 돌려 보냈다.

"모르긴 몰라도 원래 상태보다 음향이 더 좋을 거예요."
"고마워 너 때문에 죽다 살았다."

유세 차량의 음향 문제가 해결되는 것을 보면서 이 박사는 비로소 선거가 시작됐음을 실감했다. 앞으로 어떤 사고가 기다릴지 몰랐다. 아무리 완벽하게 준비한다고 해도 사고는 예고 없이 찾아올 것이다. 문제는 어떻게 관리하느냐에 달려 있다. 아무리 산전수전을 다 겪은 이 박사도 사고에는 가슴 쓸어내리는 일의 연속이었다. 그것이 선거였다.

선거 사무소로 돌아오자 사무국 사람들이 기다리고 있었다. 저녁식사 후 시작될 예정이었던 회의가 유세 차량 문제로 늦어졌기 때문이다. 본선거가 시작되면서 구성되는 선거 상황실에 관련된 내용이 주제였다. 이 박사는 꼭 필요한 인원으로만 상황실을 구성했다. 선거에서 사용될 유형, 무형의 모든 콘텐츠는 이미 준비되어 있었다. 그러므로 본선거 상황실은 이러한 콘텐츠를 운영하고, 점검하고, 발생할지 모르는 위기를 해결하면 됐다. 상황실은 메시지 1명, 유세 관리 1명, 일정 1명, 선거 사무소 살림을 맡은 여사님[21] 그리고 이 박사, 이렇게 5명으로 구성된 소규모였다. 메시지 담당자가 상황실장을 맡도록 했다.

"논의하지 않습니다. 질문하지 않습니다. 주어진 업무에만 집중합니다. 상황실의 업무에서 빠지는 사무국 인원은 모두 유세팀에 합류합니다. 사무장과 회계 책임자도 유세

---

[21] 선거 사무소의 방문객을 응대하는 여성 선거 사무원이 있다. 다과 준비에서 청소까지 선거 사무소의 모든 살림을 도맡는다. 선거 사무소에서는 보통 '여사님'이라고 호칭한다.

팀에 합류합니다. 유권자는 선거 사무소 밖에 있습니다."

선거 준비가 철저하다면 선거 기간 동안 업무에 우왕좌왕하지 않게 되고, 업무와 관련된 오류도 발생하지 않는다. 선거 캠프는 오히려 평온해진다. 해야 할 일은 산더미지만 5명 정도밖에 되지 않는 선거 사무소의 내근 직원은 게을러 보이기까지 한다. 사고나 문제가 발생했다는 연락도 없을 것이다.

"오늘부터 우리 선거 캠프 상황실을 워룸War Room이라고 하겠습니다. 이제 전투가 시작되었습니다."

내일 아침, 선거라는 전투의 첫 총성이 울릴 것이다.

## 관계자 외 출입 금지

　선거 사무소를 방문하면 개방된 공간과 출입을 금지한다는 폐쇄된 공간으로 분리한 경우가 많이 보입니다. 사실 쓸데없는 분리 구조입니다. 선거가 시작되면 후보 관련 자료와 회계 자료 일부를 제외하면 보안이 필요한 정보는 거의 없습니다. 따라서 후보 공간을 보안 구역으로 사용하면 됩니다. 선거 관계자 몇몇을 제외하면 후보의 공간을 자유로이 드나들지 않기 때문입니다. 선관위나 공정 선거 지원단도 굳이 후보의 공간에 들어가거나 점검하려 하지 않습니다. 우리는 선거 사무소가 열린 공간이기를 권고합니다.

　사람들의 심리가 들어가지 말라면 더 들어가고 싶어합니다. 실제로 선거 사무소에서는 '관계자 외 출입 금지' 표지가 붙은 문을 불쑥 열어보는 방문객이 많이 있습니다. 하지만 후보의 공간은 권위가 있어 함부로 들어가지 않습니다. 폐쇄된 공간을 요구하는 실무진도 있습니다. 사실 그들에게 보안이 필요한 업무는 없습니다. 지극히 개인적인 취향일 뿐 선거에 도움이 되지 않습니다. 따라서 선거 사무소 구조는 보안이 없는 넓은 공간과 구석에 배치되는 책상으로 충분합니다. 보안이 필요한 서류와 업무는 필요할 때마다 후보 공간을 이용하면 됩니다. 후보 공간에 금고를 놓는 것도 좋은 방법입니다. 믿어지지 않겠지만 당원 명부, 회계 자료 등을 보관하는 사무국의 이동식 서랍이 통째로 도난당한 일도 있기 때문입니다.

방문객이나 선대위 관계자도 후보와 폐쇄된 공간에서 만나는 것을 선호합니다. 후보와 독대한다는 모양새를 원하기 때문입니다. 하지만 위화감만 조성할 뿐입니다. 따라서 특별한 경우를 제외하면 후보도 방문객이나 선대위 관계자를 항상 열린 장소에서 만나기를 권고합니다.

# 샅바 싸움

선거가 시작됐다. 투표일을 포함하는 14일간의 여정이 시작됐다. 출마한 후보는 5명이었다. 현직 국회의원은 언론에 추문이 더해지면서 출마를 접었다. 이 박사는 하늘이 도와준다고 생각했다. 탈당한 현역 의원이 무죄를 주장하며 출마하는 3자 구도를 예상하며 수립했던 선거 기획은 이제 제외해도 됐다. 이번 선거는 결국 양자 대결이 될 것이다.

첫날 총력 유세는 예상대로 양쪽 지지자가 총결집했다. 수성시 출근 인사 명당자리였다. 사거리 어느 쪽에서 출근 인사를 하느냐로 신경전이 벌어졌다. 우리 유세 차량은 새벽 5시부터 정해진 유세 장소에서 대기 중이었다. 양쪽 유세 차량의 스피커에서 쏟아지는 선거 로고송이 시끄러웠다. 로고송에 맞추어 운동원들이 율동을 했다. 이기승 후보도 운동원 가운데서 율동을 하며 출근 차량을 향해 인사를 했다. 출근 시간이 지나고 유세 차량에 오른 이기승 후보가 이번 총선 승리를 다짐하는 연설을 했다. 사람들이 후보 이름을 연호했다.

현장에서 선거 대책 위원회 출범식이 열렸다. 선대위 위원장으로 호명된 직전 지역 위원장부터 인사를 했다. 이번 선거 캠프의 명칭은 후보 이름에서 가져온 '이기는 캠프'였다. 후보는 출근 인사와 출범식을 마친 후 유치원, 어린이집 통학 차량을 기다리는 엄마들과의 인사 그리고 이어지는 지역 직능 단체 관계자들과 점심 식사, 오후에 간담회를 하고 다시 퇴근 인사까지 진행되는 촘촘한 일정이 계속됐다. 유세 차량과 선거 운동원도 정해진 일정에 따라 이동하며 선거 운동을 펼쳤다. 메시지 센터는 선대위 출범과 대표 공약이 담긴 보도자료를 배포했다.

 선거 일정은 일종의 루틴처럼 반복됐다. 이기승 후보의 출근 인사는 항상 같은 자리에서 진행됐고, 상대 후보는 거점별로 돌아다니면서 했다. 이 박사는 어차피 관심이 없는 상황에서는 반복적인 노출이 중요하다고 봤다. 선대위 내부에서 출근 시간에 후보를 보지 못하는 다른 지역에서 말이 나온다고 했지만, 가장 통행량이 많은 주요 출근길에서 인사를 하는 것이라 상관없다고 말했다. 출근 인사가 상대 후보와 겹칠 때는 무조건 상대방보다 운동원과 피켓이 많아 보이도록 조치했다. 작은 하나라도 입소문이 날 차이를 만들어야 했기 때문이다. 이 박사는 기세의 차이가 결과의 차이를 만들 것이라고 했다.

 두 차례로 예정된 TV 토론[22] 중 첫 번째 토론회가 열렸다. 선관위 기준에 따라 3자 토론의 형식으로 진행됐다. 매일 밤 이기승 후보는 이 박사와 토론회를 준비했다. 이기승 후보는 지역 케이블 방송에서 진행하는 토론회가 중요하냐고 물었다. 바쁜 일정에 토론 자료를 검토하는 것이 부담이었다.

"토론회 보는 사람 별로 없어요. 큰 의미 없죠. 그리고 다른 후보들도 후보님과 같은 마음입니다. 그래서 다들 준비가 철저하지 못할 것입니다. 하지만 녹화 현장에서 후보의 능력과 기세를 서로 비교하는 사람이 있고, 지역 언론은 토론회 발언을 보도할 것입니다. 우리는 토론회를 다시 확

---

**22** 공직선거법에 따르면 구·시·군 선거 방송 토론 위원회는 선거 운동 기간 중 지역구 국회의원 선거의 후보자를 초청하여 1회 이상의 대담·토론회 또는 합동 방송 연설회를 개최하여야 한다. 이 토론회 등에 초청 대상이 되는 후보는 ① 국회에 5인 이상의 소속 의원을 가진 정당이 추천한 후보자. ② 직전 대통령 선거, 비례대표 국회의원 선거, 비례대표시·도의원 선거 또는 비례대표 자치구·시·군의원 선거에서 전국 유효 투표 총수의 100분의 3 이상을 득표한 정당이 추천한 후보자. ③ 최근 4년 이내에 해당 선거구에서 실시된 대통령 선거, 지역구 국회의원 선거 또는 지방 자치 단체의 장 선거에 입후보하여 유효 투표 총수의 100분의 10 이상을 득표한 후보자. ④ 중앙 선거 관리 위원회 규칙이 정하는 바에 따라 언론 기관이 선거 기간 개시일 전 30일부터 선거 기간 개시일 전일까지의 사이에 실시하여 공표한 여론조사 결과를 평균한 지지율이 100분의 5 이상인 후보자로 한정되고 있다. 또 각급 선거 방송 토론 위원회는 위의 초청 대상에 포함되지 아니하는 후보자를 대상으로 대담·토론회를 개최할 수 있다. 이 경우 대담·토론회의 시간이나 횟수는 중앙 선거 관리 위원회 규칙이 정하는 바에 따라 위의 초청 대상 후보자의 대담·토론회와 다르게 정할 수 있다. 토론회는 경우에 따라 생방송일 수도, 녹화 방송일 수도 있다. 이 책에서는 통칭하여 'TV 토론'이라 했다.

산할 계획입니다."

 이 박사는 토론회가 가장 이기기 쉬운 싸움 중 하나라고 했다. 이 박사는 상대 후보보다 조금만 더 준비하면 된다, 토론회에서는 정답을 말하려 집중하는 것보다 상대방의 오류를 반복적으로 지적한다, 신문 논평 수준의 여야 대립 주제는 가볍게 넘어가고 우리의 목표 고객인 수성시 엄마들에게 보내는 메시지에 집중해야 한다고 했다. 우리 후보의 주장을 쉽게 전달하기 위한 통계 자료 그림판도 준비했다. 예를 들면 전국에서 수성시 산후 조리원 이용 비용이 가장 비싸다는 생활 통계 지표를 메시지 센터에서 뽑아내면 이미지로 그 내용을 풀어내는 것이다. TV 토론은 예상대로 진행됐고, 상대 후보는 실언을 수습하느라 또 다른 실언을 쏟아냈다. TV 토론을 통해 얻고자 했던 결과가 나왔다. 샅바는 우리가 원하는 방향으로 쥐어지고 있었다. 이 상황을 지역 언론에서 기사로 다루었다. 이기승 후보의 선거 캠프에서 상대 후보의 실언을 정리한 카드뉴스 등 2차 확산을 시작하자 상대 후보는 민감한 반응을 보였다.

상대 후보가 선관위에 우리 후보를 고발했다. 큰일은 아니었다. 이미 이런 상황은 예측했고 선거법 전문 변호사와 발생할 수 있는 일들을 충분히 논의하고 기획한 전략이었기 때문이다.

## 선관위 주최 후보자 토론회

혹시 국회의원 후보자 TV 토론을 시청한 적이 있습니까? 대부분 없을 것입니다. 대선 후보가 아닌 국회의원 후보의 TV 토론은 시청률이 낮은 편입니다. 하지만 TV 토론에서 후보가 실수하는 장면은 쉽게 퍼집니다. 말을 실수하거나 잘못된 태도를 보이면 지역 언론 기자들의 좋은 기삿감이 되기도 합니다. 그래서 일부 후보는 패널티를 감수하면서까지 토론을 회피하는 경우도 있습니다.

우리는 특별한 상황이 아니면 후보에게 TV 토론은 실수하지 않을 정도로 준비하라고 합니다. TV 토론으로 대역전을 꿈꿀 필요가 없다는 이야기입니다. 잘 하려고 너무 애쓸 필요가 없습니다. 실수만 하지 않는다면 TV 토론은 선거에 거의 영향을 주지 않습니다. 문제는 후보가 TV 토론의 의미를 간과하고 사고를 치는 경우가 종종 있다는 것입니다. 후보도 사람인 이상 면전에서 비난을 들으면 화도 나고 하기 때문입니다.

큰 영향을 주지 않는다고 했지만 경우에 따라 TV 토론을 통해 특별한 효과를 볼 수 있는 장점도 있습니다. 그러므로 TV 토론을 주도하려고 노력하는 것이 좋습니다. 그리고 사전에 전달된 공통 질문이 있다면 답변 시간에 맞춰 리허설을 반복적으로 하는 것이 좋습니다. 모두 발언, 마무리 인사도 마찬가지입니다. 상대 후보의 실수는 선거 운동에 좋은 아이템이 됩니다. 결론적으로 우리 후보는 너무 잘 하려고 할 필요 없고, 상대 후보의 실수를 일으킬 토론 전략을 준비해야 합니다. 상대 후보의 대표 슬로건을 반박할 수 있는 자료 등을 미리 준비하는 것도 좋습니다. 지역과 관련된 데이터는 암기하는 게 기본입니다. 지역 버스 요금도 모르는 후보가 되면 그 파급력은 예측할 수 없기 때문입니다.

# 누구의 선거인가?

중앙당에서 지원 유세를 왔다. 당 대표와 TV에서 얼굴이 많이 알려진 국회의원들의 방문에 수성시가 소란스러웠다. 수성시 갑과 을 지역구 후보가 함께 합동 유세를 했다. 유세 장소는 수성시 갑이 아닌 수성시 을 지역구에 위치한 버스터미널 앞이었다. 지원 유세가 수성시 을 지역구에서 진행하는 대신 유세를 마친 후에는 갑 지역에 있는 시장 방문이 예정됐다. 당 대표와 후보가 시장에 들어섰다. 당 대표를 수행하는 사람이 앞장서서 길을 헤쳐가며 인사를 유도했다.

"안녕하세요. 천하당 대표입니다. 인사하시죠."

처음에는 수행원의 안내를 따르던 당 대표가 갑자기 걸음을 멈춰 섰다.

"제 선거를 하러 여기 수성시에 온 것이 아니잖습니까. 이제부터 제가 앞장서겠습니다. 이기승 후보는 제 옆에서 떨어지지 마세요. 어머니 안녕하세요. 여기는 천하당 이기승 후보입니다. 열심히 하겠습니다. 지지 부탁합니다."

역시 당 대표는 노련했다. 간혹 도와주겠다는 유명인이 와서 자기 홍보만 하고 가는 경우도 많았다. 선거를 알고 많이 경험한 사람은 달랐다.

어느 날 오후, 정치 혁신을 위해 선거 불출마를 선언한 현직 국회의원이 약속도 없이 선거사무소를 방문했다. 이기승 후보의 대학 선배로 3선 의원이었다. 약속 없는 방문에 선거 사무소를 지키던 상황실장이 급히 후보에게 연락하려고 했다.

"후보에게 알리지 마세요. 그런데 유세차는 지금 어디 있습니까? 유세차 위치를 수배해 주세요."

3선 의원은 자신의 수행 비서만 대동하고 유세차가 있는 장소로 달려 나갔다. 오후 내내 3선 의원은 유세차 일정에 따라 지역을 이동하면서 마이크를 손에서 놓지 않았다. 저녁 무렵 선거 사무소로 돌아온 3선 의원은 사무소에 상주하는 사무원 몇 명에게 저녁 식사를 대접하며 격려를 아끼지 않았다. 격려의 말을 하는 3선 의원의 목소리는 갈라져 있었다. 유세를 열심히 했다는 의미였다. 3선 의원은 지금의 선거 현장에서 자신이 어떤 도움을 어떻게 주어야 할지, 그래서 무엇을 해야 하는지 아는 사람이었다.

후보가 집중한 일정은 이 박사가 지적한 100명 중 3명의 유권자를 찾는 일이었다. 영유아와 초등학생 엄마들을 대상으로 한 공약과 메시지가 일정에 결합했다. 아침 통학 차량 앞에서, 초등학교 정문 앞에서 엄마들을 만나 대화했다. 자녀들을 기다리는 시간이라 조금은 이야기를 나눌 여유가 있었다. 이때의 명함은 슬로건도 디자인도 달랐다. 이기승 후보는 아이의 꿈을 안전하게 키우겠다고 약속했다. 반복적인 방문에 이기승 후보를 알아보는 사람도 생기고 먼저 인사하는 경우도 있었다. 거리에서 무심하게 나눠주는 명함과는 확실히 다른 유세였다.

고등학교 하교 시간에 맞춰 인사 일정도 짰다. 고3 학생[23]을 목표로 한 일정이었다. 수행 사무원만 따라가는 단출한 학교 정문 앞 인사였다. 아무래도 학교 앞은 세심한 주의가 필요했다. 적극적인 인사보다는 '인생 첫 투표를 축하합니다'라는 피켓을 들고 서 있었다. 그래도 아들이 다니는 고등학교 앞에서는 우리 반 친구의 아빠라며 사진을 같이 찍어달라는 학생들도 있었다. 고3인 아들 진우를 생각하며 아이들을 위해서라도 제대로 해야겠다는 각오를 다시 다졌다.

---

[23] 공직선거법 제15조(선거권)에 따르면 18세 이상의 국민은 대통령 및 국회의원을 선출할 선거권이 있다. 그러므로 선거일 이전에 출생 신고된 18세 이상의 고등학생에게는 선거권이 있다.

정치 성향이 확실하다는 노년층에도 3명의 유권자가 있었다. 이 박사가 찾아낸 유권자는 배우자인 권아름 씨가 운영하는 행복약국을 다녀가는 어르신이었다. 어르신들은 딸 같은 권아름 씨의 남편이 출마했다는 사실을 자기 일처럼 좋아했다. 어르신이 다니는 경로당, 복지관이 어디인지 묻고 방문 계획을 잡았다. 먼저 배우자가 방문하고 다음날 후보가 다시 방문하거나 배우자와 후보가 같이 방문을 하는 일정을 만들었다. 어르신들은 마치 당신들의 딸과 사위가 출마한 듯이 후보를 격려했다. 이때의 명함도 글씨 크기부터 달랐다. 어르신을 배려하는 마음이 드러나는 디자인은 좋은 반응을 얻었다.

## 선거 유세의 주인공

선거 운동 기간에 외부에서 지원을 오는 경우가 있습니다. 연예인도 있고 당 대표도 있습니다. 이 책에 소개한 당 대표와 3선 의원의 에피소드는 실제 인물 이야기입니다. 지원 유세를 오는 유명인 중에는 의전을 요구하는 인물도 있습니다. 기차역이나 버스터미널로 차량을 보내라고 요구하는 사람도 있습니다. 전쟁터에 와서 술상 차리라는 격입니다. 현실적으로 쉽지 않지만, 지원을 오겠다는 유명인을 선별할 필요가 있습니다. 아니면 어떻게 지원해야 하는지 시범을 보이며 분위기를 바꾸는 것도 한 방법입니다.

선거 유세에도 TPO Time 시간 Place 장소 Occasion 상황가 있습니다. 때와 장소에 맞지 않는 선거 유세는 오히려 유권자의 반감을 삽니다. 일반적으로 선거 캠프는 일요일에는 교회, 성당에서 인사하는 후보 일정을 짭니다. 예배나 미사가 끝난 후가 좋으며 종교 시설에서 조금 떨어진 곳에서 목례와 피켓으로 조용히 인사해야 합니다. 후보가 남성이면 여성 유권자와 악수하는 등 스킨십에 주의해야 합니다. 불편한 상황이 발생할 수도 있습니다.

## 사전 투표라는 선물

사전 투표일이 다가오고 있었다. 사전 투표는 이번 선거를 좌우할 첫 번째 분기점이 될 것이다. 최근 사전 투표하는 사람은 전체 투표인 중 40% 이상을 차지하고 있다. 투표하는 열 명 중 네 명 이상이 참여하는 사전 투표 대응을 소홀히 하고 선거에서 이기기를 바라는 것은 말도 안 되는 이야기였다. 물론 사전 투표율이 높다고 전체 투표율이 높아지는 것은 아니다. 어차피 투표할 사람들이 이용하는 제도일 뿐이다. 그래도 하루라도 먼저 이기승 후보를 지지하는 유권자들이 투표한다면 좋은 일이었다. 천하당과 이기승 후보를 지지하는 유권자들을 모두 사전 투표소로 가게 하는 것이 목표였다. 사전 투표 전날 밤 동별로 설치되었던 모든 거리 현수막은 사전 투표소 앞으로 기습적으로 이동하여 게시했다. 사전 투표를 하러 오는 유권자들에게 이기승 후보 이름과 기호를 노출하는 기획이었다.

이 박사는 여론조사 데이터를 확인했다. 다행히 정당 지지도는 나쁘지 않았다. 경기 남부권에서 정당 지지도는 천하당이 앞서고 있었다. 사전 투표에 영향을 줄 부정적 뉴스도 없었다. 전체적인 상황은 나쁘지 않았고 이런 상황이라면 사전 투표를 최대한 늘리는 것이 중요했다.

메시지 센터는 사전 투표 독려를 위한 문자 메시지를 반복해서 발송했다. 이기승 후보도 유튜브와 인스타그램 라이브 방송을 통해 사전 투표 참여를 간절히 호소했다. 선관위에서 제공하는 사전 투표 주의 사항 등을 다시 안내했다. 사전 투표를 해야 하는 이유를 재미있는 만화로 만들었다. 중앙당에서 제작한 콘텐츠도 열심히 전달했다.

'우리를 지지하는 유권자가 모두 투표하면 이긴다'는 투표 독려의 원칙이 됐다. 지역 사람을 잘 아는 커넥터들을 중심으로 사전 투표 참관인을 선정했다. 데이터를 정확하게 판단할 수 있는 사람들을 투표 참관인으로 선정하고 간단한 교육을 진행했다. 특히 이상 상황이 발생하면 바로 선거 사무소로 연락할 수 있도록 했다. 투표 참관인들은 투표 상황에 대한 모니터링과 지인 중 아직 투표하지 않는 사람들에게 문자 메시지로 투표 참여를 독려했다.

선거 상황실은 가지고 있는 명부에 사전 투표 참여 여부를 표시했다. 사전 투표 마지막 날에도 사전 투표 독려 메시지를 발송했다. 유권자가 후보를 알고 투표장에 갈 수 있도록 메시지를 반복했다. 선거 운동원, 자원봉사자도 모두 사전 투표를 마치고 주변의 사람들에게 연락을 취했다. 사전 투표 여부를 확인하고 사전 투표 참여를 당부했다. 다행히 사전 투표는 역대급 투표율로 무사히 끝났다. 사전 투표소 앞으로 이동했던 거리 현수막도 제 위치로 다시 이동했다.

## 투표 참관인이 중요한 이유

　공직선거법에서는 선거일 전 5일부터 2일 동안을 사전 투표 기간이라 합니다. 선거구의 읍·면·동마다 1개소씩 사전 투표소가 설치됩니다. 사전 투표율은 예상보다 높습니다. 우리는 투표율이 높은 이유가 이미 지지하는 정당, 지지할 후보를 정해 놓았기 때문이라고 생각합니다.

　선거에서 이기는 방법은 단순합니다. 먼저 나를 지지하는 유권자는 빠짐없이 투표하게 하는 것입니다. 다음은 상대 후보를 지지하는 유권자의 투표율을 떨어뜨리는 것입니다. 두 번째 방법은 매우 전략적이어야 하지만, 첫 번째 방법은 어렵지 않게 실행할 수 있습니다. 그래서 투표 참관인의 역할이 매우 중요합니다.

　투표 참관인은 현장에서 선거 캠프 명단에 표시된 유권자들이 모두 투표했는지 확인해야 합니다. 물론 선거 캠프에서도 지역 담당 커넥터가 확인합니다. 더불어 상대 후보 측의 투표 동향도 확인해야 합니다. 사전 투표 실행 계획이 준비되고 점검되었다면 충분히 가능한 일입니다. 선거에서는 투표수를 셀 수 있어야 한다는 것을 다시 말씀드립니다. 단순히 숫자가 궁금해서가 아니라 이 행위 자체가 선거 운동이고, 새로운 선거 운동 전략 수립을 위한 바탕이 되고, 또 이들의 정보에 의해 선거 결과를 미리 가늠해 볼 수 있기 때문입니다. 그러므로 공조직의 숫자는 반드시 셀 수 있어야 합니다. 사조직의 지지자도 변별할 수 있어야 합니다.

# 박빙이라는 뉴스

　소위 깜깜이 선거 기간이라고 하는 여론조사 공표 금지 기간에 들어가자 선거 판세를 예측하는 가짜 정보들이 넘쳐났다. 기사에서 일부분만 발췌해 유불리를 따지고, 각 정당이 유불리 지역과 당선자 목표를 언급하면 불리하다는 판세에 해당하는 지역의 선거 사무소는 난리가 났다. 천하당은 수성시 갑 지역을 백중 우세 지역으로 발표했고 상대 정당은 자당 후보의 우세로 발표했다. 각 정당의 발표 기준과 출처도 확인하지 않고 이기승 후보가 불리하다는 말이 지지자들 사이에 퍼지기 시작했다. 상황실은 가짜뉴스 대응반을 구성했다. 각종 인터넷 언론사와 SNS에 떠도는 가짜뉴스를 접수했다. 현실적인 문제는 가짜뉴스 대응이 실시간으로 되지 않는다는 것이었다.

메시지 센터는 SNS를 통해 오늘의 가짜뉴스를 선정하고 대응했다. 다만 가짜뉴스에 대응하는 것이 오히려 가짜뉴스를 다시 확산시킬 수 있으므로 대응 방법을 결정하는 데 세심해야 했다. 특히나 여론조사 공표 금지 기간에는 전파하는 메시지의 내용도 포커페이스가 필요했다. 의도하는 판단을 끌어내려는 의도적인 애매모호한 발언도 늘어났다. 후보 양측의 신경전도 거세졌다. 선거 캠프에서 배포하는 보도자료, 카드뉴스, 동영상 등에 대한 꼬투리를 잡는 시도가 늘어났다. 꼬투리를 잡으면 선관위 고발로 이어졌다. 양측이 마찬가지였다. 서로에 대한 상호 고발이 늘어났다. 이 박사는 선거 과정에서 가급적이면 고소, 고발을 자제한다는 원칙을 갖고 있었지만, 상대 후보의 고발 횟수와 고발 내용은 상식을 벗어나 있었다. 이 박사는 어쩔 수 없이 맞대응을 선택했다.

수성시 지역 선관위 지도계장을 만났다. 이 박사는 수성시에 내려와 일을 시작한 후부터 지나는 길에 지역 선관위를 지나치게 되면 특별한 용무가 있지 않아도 무조건 선관위를 방문했다. 자주 얼굴을 보다 보니 좀 편안해진 탓인지 지도계장은 사적인 궁금증이라며 선거 판세를 물어볼 정도였다. 선관위에서는 이기승 후보의 선거 사무나 선거 운동에 문제가 있는 것 같다는 판단을 하면 이 박사에게 먼저 연락을 했고 이 박사는 선관위에 직접 방문해 해당 사안에 대해 설명했다. 이 박사의 원칙은 사실대로 말한다였다. 사실을 감추려고 말하다 보면 오히려 해명이 꼬이는 경우가 대부분이었다. 그동안 선거법 위반 사항에 대해 몰라서 그랬으면 몰라서 그랬다고 사실을 인정하고 곧바로 선관위가 요구하는 시정 조치를 수용했다. 이것은 애초에 불법, 위법을 저지르지 않는다는 원칙이 있었기에 가능했다. 지도계장은 상대 후보의 고발에 너무 민감하게 반응하지 않았으면 좋겠다고 했다.

"저쪽이 뭔가 급하고 불안하긴 한가 봅니다."

지도계장의 웃음에 이 박사도 미소로 답했다. 이 사람도 우리에게 투표할 것이다. 이 박사는 확신했다. 그렇게 선거가 끝나가고 있었다.

## 깜깜해도 주도권을 가져야 합니다

    공직선거법에는 누구든지 선거일 전 6일부터 선거일의 투표 마감 시각까지 선거에 관하여 정당에 대한 지지도나 당선자를 예상하게 하는 여론조사의 경위와 그 결과를 공표하거나 인용하여 보도할 수 없다고 되어 있습니다. 그래서 여론조사 공표 금지 기간 직전에 거의 모든 언론사에서 여론조사 결과를 공표합니다. 언론사의 발표는 조사 결과가 긍정적이면 긍정적인 대로, 부정적이면 부정적인 대로 선거 전략에 반영되어야 합니다.

    마지막으로 공표되는 여론조사의 위력을 고려하면 이 여론조사에 적극적인 대응이 필요합니다. 먼저 여론조사 기간은 발표 2일 전에서 당일까지 조사된 수치이며 조사 방식은 휴대전화로 걸려오는 ARS 조사가 대부분입니다. 선거 캠프에서는 지지자들에게 이 기간에 걸려오는 서울 지역번호(02)의 전화는 무조건 받을 것을 요청해야 합니다.

선거 중반에 다다르면 판세를 조심스럽게 전망할 수 있습니다. 상대 후보도 마찬가지입니다. 선거 판세가 백중세라면 선거 캠페인이 거칠어질 가능성은 커집니다. 작은 실수도 선관위에 고발되는 경우가 많습니다. 고발이 넘치면 선관위도 당혹스럽습니다. 명백한 불법 행위가 아니라면 쏟아지는 고발은 선관위의 선거 관리를 어렵게 할 뿐입니다. 그러므로 선관위는 당연히 원인을 제공한 후보와 선거 캠프에 호의적일 수 없습니다.

판세를 읽는 선거 캠프는 상대 후보의 도발에 적절히 대응할 수 있습니다. 은근한 무시 또는 유효한 대응 중 선택해야 합니다. 사태를 키울지, 무시하고 지나갈지에 대한 판단을 우리가 결정한다는 자세가 좋습니다. 선거의 주도권을 쥐고 있다는 것은 이기고 있다는 좋은 반증이기 때문입니다.

# 마지막 전투

 이기승 후보는 4월 9일 자정 직전에 선거 운동을 마무리했다. 마지막 선거 유세는 유튜브 생방송으로 함께 송출됐다. 예비 후보로 처음 생방송을 시작했을 때 50명을 넘지 못하던 생방송 시청자는 실시간 2천 명을 넘는 수준으로 발전했다. 댓글에는 그동안 수고했다는 격려의 글이 이어졌다.
 이기승 후보는 유세를 함께한 지지자들에게 진심으로 감사를 표했다. 함께 로고송을 부르며 춤추고 이기승을 목이 터지라 외친 유세원들은 눈물을 흘리며 서로 얼싸안았

다. 아무 조건이나 대가도 없이 13일간의 선거 운동을 함께한 사람들의 얼굴이 한 명씩 스치면서 지나갔다. 아쉬움조차 남지 않는 전력을 다한 선거 운동이었다.

"우리의 꿈은 투표로 완성이 됩니다. 내일 단 한 명이라도 내가 아는 사람들이 대한민국 정치, 수성시 미래를 위해 투표장에 나서도록 여러분이 힘을 내 주십시오. 저는 선거 기간 동안 분에 넘치는 사랑을 받았습니다. 이기는 캠프는 반드시 승리해 여러분의 응원에 보답하겠습니다. 감사합니다."

어디에선가 이겼다, 우리가 이겼다는 외침이 터져 나왔다. 모여 있던 지지자들은 밤늦은 시간임에도 '이기승이 이겼다'를 크게 연호했다. 이기승 후보는 이겼다는 연호를 들으며 절대로 지고 싶지 않다고 생각했다. 열심히 끝까지 최선을 다했기 때문에 패배해도 좋다는 말은 말도 안 된다고 생각했다. 정말 이기고 싶다는 마음으로 유세 차량에서 내려왔다. 선거 운동은 여기까지였다.

2024년 4월 10일, 제22대 국회의원 선거 투표가 시작됐다. 사전 투표일과 같은 조치가 투표일 전날 밤에도 이뤄졌다. 거리 현수막은 다시 투표소 근처로 이동했고, 투표일 아침부터 선거 운동이 아닌 투표 독려를 문자 메시지와 동원할 수 있는 모든 소셜미디어를 동원해 진행했다. 이미 사전 투표를 한 지지자들은 선거 사무소에 아침 일찍 모여 자신이 확인해야 할 전화 명부를 들고 지인들에게 투표 독려 전화를 시작했다.

투표가 시작된 투표소마다 투표 참관인이 30분마다 상황실에 투표 상황을 보고했다. 이 박사는 선거는 줄다리기 같다며 마지막까지 함께 힘을 내는 쪽이 이긴다고 선거 캠프에 당부했다. 마지막 전투에서 총알 한 발 남기지 말고 다 사용하자고 격려했다.

선거 사무소를 나선 이 박사는 수성시 투표소를 하나씩 빠른 걸음으로 돌기 시작했다. 걸어서 투표장으로 향하는 시민들이 보였다. 특별히 확인할 것이 있는 것은 아니었

다. 투표일이면 항상 하는 오래된 습관이었다. 투표 관리는 이제 상황실장이 할 것이다. 가끔 지역에서 아는 사람과 마주치면 인사를 나눴다.

수성시를 걷고 있는 그에게 지난 선거 과정이 떠올랐다. 서로를 신뢰할 수 있는 후보를 만난 것은 행운이었다. 처음 만난 이기승 변호사는 훈련이 되지 않은 망아지 같은 사람이었다. 하지만 1년이 되지 않는 시간에 어엿한 후보의 모습을 갖춘 그가 기특했다. 이 박사도 이기승 후보 같은 사람이 당선되면 정치가 조금은 바뀔 것 같다는 희망이 생겼다.

선거는 이 박사가 이기승 후보에게 일방적으로 영향을 준 것이 아니었다. 서로 변화하는 시간이었다. 최도일 의원 같은 사람을 만난 것도 행운이었다. 자신의 정치적 신념을 위해 사심 없이 최선을 다하는 사람을 얼마 만에 만난 것인가 싶었다. 휴대전화가 울렸다. 선거 사무소 번호였다.

"박사님, 어디세요? 이제 곧 개표 방송이 시작됩니다."

## 당선을 준비하는 시간

마지막 선거 유세로 선거 운동을 밤늦게 마치고, 정작 선거일 오전에는 텅 비어 있는 후보의 선거 사무소도 종종 볼 수 있습니다. 공식적인 선거 운동은 끝이 났어도 선거는 아직 끝나지 않았습니다. 개표하는 순간까지 해야 할 일이 있습니다. 우리는 그 시간을 당선을 준비하는 시간이라고 말합니다.

이 순간 가장 중요한 일은 사전 투표를 하지 않았지만 우리를 지지하는 유권자가 투표소에 가게 하는 것입니다. 사전 투표일과 방식은 같습니다. 하지만 100명 중 3명을 잡기 위해 그 규모는 커집니다. 투표 시작부터 모든 커넥터와 지지자가 모여 선거 캠프가 보유한 명단의 유권자에게 투표를 독려해야 합니다. 선거 사무원도 모두 투표 독려 업무에 동참합니다. 투표일 아침, 선거 사무소로 모여드는 지지자 규모를 보면 그간의 선거 운동이 어떠했는지 알 수 있습니다. 성공적인 선거 운동이 진행되었다면 선거 사무소는 지지자와 선거 사무원으로 넘칠 것입니다. 상황실 차원의 메시지 전송도 계속되어야 합니다.

다음은 투표 상황실과 개표 상황실을 별도로 운영합니다. 12시간이 넘는 동안 투표 상황실을 운영한 스태프는 휴식하고, 개표 상황실 운영은 별도로 선거 사무소의 후보 공간에서 진행하는 것이 좋습니다. 업무 형태가 전혀 다르기 때문이기도 합니다. 마지막으로 당선에 대비한 보도자료와 소감문, 꽃다발, 케이크 등은 미리 준비합니다. 아마 당선의 바람이 불고 있으면 선거일 오후부터 당원들이 자발적으로 준비하는 모습을 볼 수 있습니다. 당선사례 현수막은 제작을 준비하고 있어야 합니다.

## 에필로그

 이 박사는 여의도 자신의 사무실에서 생각에 잠겨 있었다.
 쉽지 않은 선거였다. 평소 같으면 시작도 하지 않았을 선거였다. 후보의 준비 상황은 좋지 않았고, 지역 상황은 더 좋지 않았다. 당선이라는 결과가 나온 것이 온전히 자신의 기획이라고 할 수 있을까? 이전의 선거는 그랬다. 나의 기획으로 이겼다고 자신 있게 말할 수 있었다. 하지만 이번은 아니었다. 특히 탈당한 현역 의원이 본선거에 출마하지 않은 것은 아무도 기대하지 않은 행운이었다. 현역 의원이 출마했다면 어땠을까? 물론 그 상황에 맞는 다른 기획을 했을 것이다. 하지만 그 기획으로 지금과 같은 결과가 나왔을까?

이기승 당선자가 여의도 사무실로 들어섰다. 국회 사무처에서 진행하는 초선 의원 워크숍을 마치고 이 박사를 만나기로 한 일정이었다. 자리가 사람을 만든다는 것처럼 이기승 당선자의 표정과 모습이 조금은 달라진 것 같았다. 이기승 변호사에서 이기승 후보로 그리고 지금은 이기승 당선자로 변화된 사람이 앞에 앉아 있다. 이기승 당선자가 고개를 돌려가며 사무실을 둘러봤다. 처음 방문했던 날을 떠올리는 것 같았다. 실제로 이기승 당선자는 이 박사를 선거도사라고 소개받고 아내와 함께 방문했던 그 날을 떠올리고 있었다. 불과 1년이 되지 않았는데 아득한 과거처럼 느껴졌다.

"숙제는 잘 하고 있나요?"

"그럼요. 아직 다 끝내지는 못했지만, 열심히 하고 있습니다."

선거를 마치고 이 박사는 이기승 후보에게 선거일 다음 날부터 시작되는 당선자 일정과 그동안 정리한 모든 데이터를 전달하며 당부했다. 지금 건넨 일정표에 따라 선거 운동 기간 방문했던 모든 곳을 빠짐없이 찾아가 당선 인사를 하라고 했다. 그리고 후보가 직접 통화했던 지지자와 당원들에게도 시간이 있을 때마다 감사 전화를 하라고 했다.

유세 차량은 사흘을 더 사용하기로 했다. 음향은 사용하지 않지만 사흘간 같은 자리에서 출퇴근 당선 인사를 하라고 했다. 선관위에게는 미안한 일이지만 건물 외벽 현수막도 선거 사무소 계약 기간이 끝날 때까지 최대한 오래 게시할 것을 당부했다. 거리 현수막은 당선사례 현수막으로 바뀌어 게시될 것이다. 당선된 날부터 바로 4년 후의 선거 운동을 시작하는 것이기 때문이었다. 그것이 이 박사가 준 숙제였다.

"이기승 의원은 이미 재선 선거 운동을 시작했습니다."
"다음 선거도 도와주실 거죠?"
"아니요. 저와 하는 선거는 한 번으로 충분합니다."

이기승 당선자도 어렴풋이 알고 있었다. 이 박사와 함께 하는 선거는 이번이 처음이자 마지막이라는 것을. 이기승 당선자는 이 박사에게 어떤 정치가 좋은 정치인지 말해 달라고 했다. 이 박사는 선거와 정치는 다르다고 했다. 그리고 이 박사의 인생에서 본 좋은 정치인과 그 정치인의 태도와 철학에 대해 밤새 이야기를 나눴다. 그렇게 22대 수성시 갑 국회의원 선거는 막을 내리고 있었다.